O Despertar da Alma da Empresa

Eric Klein
John B. Izzo

O Despertar da Alma da Empresa

Tradução
EIDI BALTRUSIS C. GOMES

EDITORA CULTRIX
São Paulo

Título original: *Awakening Corporate Soul*.

Copyright ©1998 John Izzo e Eric Klein.

Todos os direitos reservados. Nenhuma parte deste livro pode ser reproduzida ou usada de qualquer forma ou por qualquer meio, eletrônico ou mecânico, inclusive fotocópias, gravações ou sistema de armazenamento em banco de dados, sem permissão por escrito, exceto nos casos de trechos curtos citados em resenhas críticas ou artigos de revistas.

A Editora Pensamento-Cultrix Ltda. não se responsabiliza por eventuais mudanças ocorridas nos endereços convencionais ou eletrônicos citados neste livro.

Dados Internacionais de Catalogação na Publicação (CIP)
(Câmara Brasileira do Livro, SP, Brasil)

Klein, Eric
    O despertar da alma da empresa / Eric Klein, John B. Izzo ; tradução Eidi Baltrusis C. Gomes. -- São Paulo, Cultrix, 2007.

    Título original: Awakening corporate soul
    2ª reimpr. da 1ª ed. de 2000.
    ISBN 978-85-316-0626-7

    1. Administração de empresas 2. Desempenho 3. Espiritualidade 4. Motivação para realização 5. Mudança organizacional I. Izzo, John B.. II. Título.

07-1441   CDD-658.314

Índices para catálogo sistemático:

1. Desempenho : Administração de empresas 658.314
2. Motivação de pessoal : Administração de empresas 658.314

O primeiro número à esquerda indica a edição, ou reedição, desta obra. A primeira dezena à direita indica o ano em que esta edição, ou reedição foi publicada.

Edição	Ano
2-3-4-5-6-7-8-9-10-11-12	07-08-09-10-11-12-13-14

Direitos de tradução para o Brasil
adquiridos com exclusividade pela
EDITORA PENSAMENTO-CULTRIX LTDA.
Rua Dr. Mário Vicente, 368 – 04270-000 – São Paulo, SP
Fone: 6166-9000 – Fax: 6166-9008
E-mail: pensamento@cultrix.com.br
http://www.pensamento-cultrix.com.br
que se reserva a propriedade literária desta tradução.

Sumário

Prefácio	7
1. A Crise do Comprometimento e a Alma da Empresa	13
2. Monges, Mosteiros e as Empresas Modernas	27
3. Preparação para a Jornada	39
4. O Caminho do Eu Por Que o Envolvimento Pessoal é Decisivo	55
5. O Caminho da Contribuição Por que uma Pequena Mudança Faz Toda a Diferença	73
6. O Caminho da Habilidade Pormenores que Fazem a Diferença	91
7. O Caminho da Comunidade A Criação de Equipes não Salvará sua Empresa	107
8. A Alma do Líder Você não Pode Guiar os Outros para Lugares Onde Nunca Esteve	127
9. Progresso no Caminho em Direção à Alma da Empresa A Transformação dos Obstáculos em Energia	139

Prefácio

Os Caminhos de Dois Autores

Escrever um livro com outra pessoa é uma verdadeira e dolorosa prova de fogo. Fazer com que duas pessoas concordem a respeito de qualquer coisa, sem falar das palavras que aparecem em duzentas páginas de um livro, traz suas recompensas, mas não é fácil. O livro é nossa co-criação; o prefácio, é apenas nosso. (Não achávamos que o leitor gostaria de esperar mais um ano para ler o livro!)

John:

Para mim, este é um livro a respeito de trens. Trens que tomamos em nossas vidas e profissões, e que nos levam a destinos completamente diferentes dos que tencionávamos alcançar. Seu conteúdo refere-se à descoberta de caminhos, para que tenhamos certeza de que a viagem que estamos fazendo no trabalho é a nossa viagem. Ele também aborda o tema de como uma empresa pode extrair as energias mais profundas das pessoas no trabalho e de que maneira elas podem superar o fato de que grande parte das habilidades pessoais nunca estão presentes no local do trabalho.

Sempre que leio um livro, pergunto a mim mesmo como o autor conseguiu escrever a respeito daquele assunto em particular, naquele momento específico. Aqui está a minha história.

Quando eu tinha 24 anos, recebi o diploma de professor numa escola presbiteriana de teologia de Chicago e entrei em contato com o mercado de trabalho. Meu primeiro emprego em tempo integral foi como pastor de uma igreja numa pequena cidade em Ohio. Eu havia considerado a possibilidade de me dedicar a outras carreiras — direito, política, arte dramática — mas escolhi a de clérigo, colocando-a acima de todas as outras. Como a maioria das pessoas, não consigo lembrar a razão exata dessa escolha; posso dizer apenas que essa pareceu-me ser a idéia correta naquela época. E achava que poderia deixar a minha marca e ser feliz naquele lugar. Minha mãe ensinara-me que as pessoas devem amar o seu trabalho.

Seis anos mais tarde, a carreira eclesiástica e eu nos separamos. Percebam que o problema não estava no trabalho, mas é difícil para um jovem de vinte anos saber de que modo gostaria de passar o resto de sua vida.

Como minha tese de doutorado tinha sido principalmente sobre a comunicação empresarial, mudei para o campo da consultoria de empresas. A década que se seguiu me viu envolvido no trabalho com executivos e companhias, voltadas principalmente para o aperfeiçoamento do trabalho de equipe, liderança e serviço ao consumidor. Naqueles dez anos, voei mais de um milhão de quilômetros, ganhei um bom dinheiro e senti que meu trabalho fizera diferença para as empresas que haviam contratado meus serviços.

Então, uma manhã, um alarme disparou em meu íntimo (dado o tempo que eu passava em hotéis pode ter sido um chamado para o despertar). Cerca de 70% do meu tempo era passado longe da família que eu amava. O trabalho era interessante, mas no final do dia alguma coisa não ia bem. A princípio, eu não conseguia identificar a origem daquele mal-estar. Refleti sobre o assunto durante meses. Então, a resposta me atingiu como um raio.

Minha primeira profissão tinha como objetivo inspirar pessoas, ajudando-as a encontrar o melhor em si mesmas e a descobrir uma vida que tivesse sentido. Embora o trabalho em si — o sacerdócio — acabou se revelando o trem errado, os anseios que eu observara antes nas pessoas também estavam presentes no meu novo trabalho. Ali estava eu tentando ajudar as empresas a melhorar o serviço, superar dificuldades, caminhar para o século XXI, e as pessoas que eu encontrava, em todos os níveis, demonstravam os mesmos anseios que os meus paroquianos. Elas queriam algo mais profundo e significativo.

Aqueles momentos de reflexão me conduziram a uma percepção que iria representar uma mudança de vida: as organizações precisavam de uma alma. E o mais importante, eu queria ajudá-las a obtê-la. Não se tratava de querer que elas tivessem uma religião. O que precisavam era algo mais que lucros, mais do que o desenvolvimento de equipes, mais do que uma mudança de atitude. Havia necessidade de se criar um ambiente que pudesse alimentar a alma. Nos meses que se seguiram, comecei a incluir no meu trabalho a relevância das tradições espirituais, como um meio de ajudar os dirigentes a reestruturar as empresas que estavam sob a sua orientação.

Um dos meus mentores mais antigos costumava dizer "nós ensinamos aquilo que mais precisamos aprender". Com o passar dos anos, convenci-me de que isso é incontestavelmente verdadeiro. Somente aqueles que lutam com os conceitos que ensinam experimentam as manifestações de percepção exigidas para essa tarefa (talvez seja por isso que tantos professores e pregadores são criticados pelo fato de não serem ser perfeitos, de não agirem de acordo com seus mantras). Eu queria que o meu trabalho tivesse mais significado. Queria encontrar uma maneira de fazer com que os 65% da minha vida desperta dedicados ao trabalho valessem o sacrifício de meu tempo com a família ou numa quadra de tênis. Eu queria encontrar uma maneira de fazer com que as horas que eu passava sozinho em hotéis e aviões tivessem um impacto ainda maior.

Quando comecei a falar sobre isso, descobri que os diretores e executivos de muitas indústrias sentiam algo semelhante. Eles queriam mais. Eles também tinham de sacrificar grande parte de suas vidas ao trabalho e esperavam que no fim isso valesse a pena. Acontecia, ao mesmo tempo, que suas companhias exigiam mais deles.

O que deu origem a este livro foi a minha crença honesta de que todas as coisas que tentamos realizar nas empresas — prestar bons serviços, inovar, encontrar o comprometimento, atrair as melhores pessoas, ser mais eficientes — só são possíveis quando uma empresa oferece mais do que salários. Quando o espírito está presente no local de trabalho, acontecem coisas importantes.

Uma observação final: A vida é muito estranha, algumas vezes da maneira mais surpreendente. Quando cheguei à Califórnia em 1987 e abandonei o sacerdócio em busca de outra carreira, consultei uma conselheira profissional muito competente. Ela me persuadiu a contatar pessoas na área de desenvolvimento empresarial. Alguém me forneceu o nome de um consultor da General Dynamics, que mudara de profissão, por sua própria vontade, anos antes. A pessoa disse-me: "Você precisa conversar com esse sujeito", mas não me explicou por quê.

Nós nos encontramos, e ele foi muito cortês. Trabalhando no seu minúsculo cubículo, cercado por um literal mecanismo de defesa, ele falou sobre o seu próprio caminho; ele havia sido treinado como yogue, na tradição oriental, e havia mudado para essa nova linha de treinamento e consultoria de administração. Naquela época, ele pouco participava dos conflitos que isso poderia trazer; talvez ainda não os conhecesse.

Nós nos vimos apenas ocasionalmente durante os oito anos seguintes, até que um amigo comum e meu sócio nos aproximou novamente. Seu nome era Eric Klein e eu sempre serei grato por termos nos reunido para escrever este livro. Era o trabalho que ambos precisávamos aprender e, juntos, começamos a ensiná-lo. Trabalhando juntos, nossos caminhos pessoais foram transformados. Um incentivou o outro a seguir em frente.

Espero que os resultados dos nossos esforços ajudem você, sua empresa e sua alma. Eu tenho quase certeza de que qualquer líder ou empresa que trilhar os caminhos aqui descritos, ainda que imperfeitamente, irá renovar seu comprometimento e o de seus funcionários.

Nenhum livro poderá estar completo sem agradecimentos. Nós todos devemos muito a muitas pessoas. Agradeço à nossa editora, Sue Maksen, pela sua paciência. (Nosso trabalho conjunto é uma prova palpável da moderna tecnologia; talvez nós nos encontremos de fato algum dia.) Agradeço a meus clientes de todos esses anos, que me ensinaram tanto quanto pude lhes ensinar. Agradeço à minha mulher e colaboradora, Leslie, sem a qual creio que este trabalho teria permanecido na minha mente durante muitos anos mais. Agradeço à minha mãe, que sozinha me criou e fez o melhor para assegurar que eu obtivesse sucesso. E, sim, agradeço ao meu co-autor. Chegamos a detestar o trabalho, mas nunca um ao outro. Ele sempre terá o meu mais profundo respeito.

J. B. Izzo

Eric:

Quando eu tinha 11 anos, meu amigo Victor Smallburg e eu decidimos montar um pequeno parque de diversões. Estávamos no final do verão e o projeto consumia todas as nossas energias. Com dois outros amigos, criamos os números que, pensávamos, seriam divertidos: Jogos de habilidade, incluindo lançamento de argolas, barra de equilíbrio, bate-martelo; testes de força — "Qual dos baldes de areia molhada você consegue levantar?"; uma casa mal-assombrada no barracão de ferramentas, uma "montanha russa" — ande de olhos vendados em um carrinho, e uma barraca para leitura de sorte. Levou duas semanas para nós quatro prepararmos tudo. Depois, colamos cartazes em postes de telefone, anunciando o nosso parque de diversões que funcionaria no sábado à tarde.

Foi um grande sucesso. O quintal de Victor ficou cheio de gente durante cinco horas. Nossos outros amigos ajudaram, cuidando das barracas e manejando a sempre popular "montanha russa." Aquela foi minha primeira experiência de trabalho que envolvia meu coração, minha mente e minha alma.

Ao terminar o colegial, mudei-me para Boulder, no Colorado, indo morar numa casa onde todos estudavam e praticavam yoga. Conheci minha futura esposa durante um retiro de meditação silenciosa. Mergulhei em tempo integral na busca espiritual e, como muitos jovens da época, afastei-me da corrente cultural tradicional. Acreditava que o trabalho e o mundo do trabalho poderiam esperar até que eu me tornasse iluminado. Então, conheci meu mestre espiritual.

Em um de nossos primeiros encontros, perguntei-lhe o que eu precisava fazer para crescer espiritualmente. Ele respondeu-me: "Você precisa trabalhar e obter sucesso." Foi duro ouvir aquilo, mas tive de admitir que ele estava certo. Eu acreditava que o trabalho de minha vida era ajudar as pessoas a compreender a si mesmas e a evoluir espiritualmente. Apenas não tinha certeza de como traduzir aquela crença para o mundo dos negócios.

Saltei de um emprego para outro durante alguns anos, durante o tempo em que ensinava yoga e meditação em centros de yoga, conferências, retiros e programas de extensão universitária. Eu gostava de trabalhar com adultos, ajudando-os a fazer mudanças perceptíveis que melhoravam suas vidas. Quando descobri o campo de treinamento empresarial, senti-me como um viajante que tivesse voltado para casa. Ali estava uma área de estudo segura, na qual eu poderia ajudar pessoas a eliminar obstáculos e aumentar seu sucesso profissional. Ali estava um campo onde meus talentos, valores e interesses poderiam ser finalmente reunidos.

Consegui emprego numa pequena empresa de treinamento em South Bend, Indiana, que estava fazendo um trabalho pioneiro com uma nova disciplina de comunicação chamada *Neuro-Linguistic Programming* (NLP), ou seja, Programação Neurolingüística (PNL). Trabalhar no Midwest Institute of NLP era como estar imerso num curso intensivo de crescimento pessoal em tempo integral. O treinamento que recebi foi fundamental na minha vida e no meu trabalho, não apenas em termos de informação, mas também em termos de espírito de aprendizado que permeava a organização. Ali, conheci profissionais dedicados que até hoje são bons amigos meus.

Contudo, o clima e a cultura de uma cidade pequena do meio-oeste não eram adequados à minha família. Minha mulher, meu filho e eu nos mudamos para a Califórnia, onde depois de dois meses de intensa procura, fui contratado como instrutor administrativo de uma divisão da General Dynamics. Ironicamente, consegui o emprego porque minha nova chefe, Michele Tamayo, tinha uma profunda curiosidade a respeito da meditação. Ela acreditou em seu instinto que lhe dizia que eu poderia traduzir meus conhecimentos de meditação e PNL em programas práticos de treinamento para administradores da GD. Ela estava certa. Meu colaborador, Gary Winters, e eu criamos um curso de administração, que ajudou centenas de administradores a desenvolver a si mesmos e as suas equipes. Foi enquanto eu estava na GD que conheci meu co-autor, John Izzo. Ele era novo na cidade e procurava trabalho, como eu havia feito alguns anos antes.

O chamado interior para tentar novos empreendimentos e a discrepância entre meus valores e os da General Dynamics nos levou a separar nossos caminhos depois de cinco anos de trabalho árduo. Durante quase dez anos como consultor independente continuei a explorar formas de incorporar a dimensão espiritual ao trabalho que faço com os dirigentes de empresas. Quanto mais experiência ganho, mais convenço-me de que as soluções para todos os nossos problemas organizacionais vêm da alma. Nenhuma quantidade de trabalhos malfeitos poderá produzir resultados permanentes.

Os dois últimos anos trouxeram uma grande mudança no meu trabalho. Talvez isso tenha a ver com o fato de eu ter ficado mais velho, mas sinto-me mais à vontade ao falar de assuntos espirituais com administradores e dirigentes. Abro espaço para a alma nas minhas palestras, cursos e reuniões. Este livro é um meio de estender essa conversa ao mundo.

Escrever um livro sobre a alma no trabalho mostrou ser um processo desafiador. Muitas vezes, veio-me à memória a seguinte história, tirada da vida de Mahatma Gandhi. Um dia, uma avó levou o neto até Gandhi. Parecia que o garoto tinha um apetite insaciável por açúcar, o que ameaçava a sua saúde. "Por favor", ela pediu a Gandhi, "diga-lhe para parar de comer açúcar. Ele tem um grande respeito pelo senhor. Acatará o que o senhor lhe aconselhar."

11

"Por favor, vá embora e volte daqui a quatro dias", replicou Gandhi. A mulher e seu neto fizeram o que ele lhes pedira. No quarto dia ambos voltaram; Gandhi, olhando firmemente para o menino, exclamou: "Pare de comer açúcar. Ele vai prejudicar seu corpo." Após um curto silêncio, a avó perguntou: "Por que o senhor nos pediu para esperar quatro dias antes de falar com meu neto?"

"Madame", Gandhi respondeu, "quatro dias atrás eu mesmo não tinha deixado de comer açúcar."

Escrever um livro sobre o despertar da Alma da Empresa poderia se tornar um tremendo ato de pretensão, atraindo a ira dos deuses. Isso ocorreria se ele tivesse sido escrito com uma voz de autoridade e indicasse às pessoas o que elas deveriam fazer. Porém, ele não foi escrito nesse tom porque eu ainda não deixei de comer açúcar. Ainda não despertei completamente. Apenas encontro-me no caminho do despertar, trilhando os caminhos da alma. Penso que todos estamos.

Ao mesmo tempo, não quero dizer-lhes que voltem depois de quatro dias. Não quero esperar até que esteja mais iluminado para me envolver nesse diálogo crítico a respeito da alma e trabalho. Preocupo-me com o fato de podermos não dispor de outra oportunidade para falar.

Decidi transmitir a vocês aquilo que aprendi até agora ao longo do caminho, desde o meu parque de diversões quando eu tinha 11 anos, até as salas de diretoria das empresas americanas. De certo modo, tudo é muito simples. A essência daquilo que produz um grande trabalho nunca muda. A alma continua a ser alimentada pelo pão da sabedoria e pelo vinho do amor.

Vocês têm a resposta e a energia que buscam bem no íntimo da alma. Espero que este livro os faça recordar daquilo que vocês já sabem e os estimule a dar o próximo passo no caminho espiritual. A alma de vocês sorrirá quando o fizerem.

Fui enriquecido pelo trabalho que realizei neste livro, ao lado de meu coautor, John Izzo. Ele manteve erguido diante de mim o espelho da verdade, para que eu visse a mim mesmo. Nem sempre foi fácil olhar, mas agradeço a ele por continuar a segurar o espelho em suas mãos. John, você me ajudou a realizar meu sonho.

Eric Klein

1

A Crise do Comprometimento e a Alma da Empresa

A dimensão espiritual não pode jamais ser separada do trabalho. Ela pode ser ignorada, mas nunca removida. As palavras que Carl Jung entalhou acima da porta de sua casa de campo, "Invocado ou não, Deus está presente", nos lembram que, mesmo quando nossa mente dela se afasta, a dimensão espiritual está mais próxima de nós do que a nossa respiração. Em certo sentido, essas palavras estão entalhadas de forma invisível acima da entrada de todas as empresas, em cima de todas as mesas e locais de trabalho. Está na hora de prestarmos atenção ao aspecto mais negligenciado — e mais essencial — da nossa vida no trabalho.

Existem, atualmente, uma crise e um anseio que permeiam as empresas norte-americanas. Chamamos a primeira de crise da responsabilidade, o esforço das empresas e de seus líderes para descobrir meios de reativar a responsabilidade e o desempenho dos seus funcionários, transformando rapidamente o clima de insegurança. O outro é um despertar que lentamente vem ocorrendo dentro de empresas tradicionais — o despertar da Alma da Empresa. Trata-se de um movimento emergente que busca recuperar o impulso espiritual que existe no âmago de todo trabalho. Ele diz respeito às pessoas que querem trabalhar para conseguir prestígio e, além

> *A alma é o lugar onde o mundo interior e o mundo exterior se encontram.*
>
> NOVALIS

> *Alguma coisa abre as nossas asas. Algo faz com que o tédio e a dor desapareçam. Alguém enche a taça à nossa frente. Saboreamos apenas o que tem caráter de sagrado.*
>
> RUMI

disso, para exigir muito mais delas em níveis mais profundos de sua capacidade e disposição.

Este livro reflete a nossa experiência como participantes tanto da crise de responsabilidade quanto do despertar anímico que está irrompendo num novo mundo do trabalho.

Uma viagem a lugar nenhum

Quando ouvimos pela primeira vez esta história na sala de espera de um aeroporto, achamos que se tratava apenas de uma anedota espirituosa. Contudo, a verdade e o discernimento podem vir de maneira inesperada. Com o tempo, percebemos que aquela a que chamamos de "história do trem" contém uma verdade poderosa sobre o desafio que diretores e empresas estão encontrando.

A história nos foi contada por um homem que cresceu num pequeno vilarejo, no meio-oeste do país. Trens passavam por ali todos os dias, a caminho da cidade maior mais próxima, que ficava cerca de 60 quilômetros ao norte. Era hábito das crianças mais velhas e ousadas ocasionalmente pegar o trem em movimento e ir até a cidade, onde passavam o dia. Jack, primo da pessoa que nos contou a história, era um desses intrépidos viajantes. Um dia, como estivesse com vontade de comer biscoitos de uma certa padaria na cidade, ele saltou para dentro de um trem. Cobrindo-se com um saco de estopa que encontrou, adormeceu. Infelizmente para ele, dormiu durante um tempo longo demais. Horas mais tarde, acordou num vagão frio e escuro. A porta fora trancada — pelo lado de fora. Ele estava num vagão frigorífico, acompanhado de várias dezenas de quartos de boi, sacolejando rumo a um destino ignorado. Ele passou vários dias ao lado de seus frios companheiros bovinos, sendo salvo por um funcionário atento que pensou ter ouvido gritos abafados de "Ajudem-me, deixem-me sair!", vindos de um dos vagões de carne. O primo Jack saiu de sua prisão para uma tarde ensolarada no Oregon, com frio, tremendo e a vários milhares de quilômetros de seu destino inicial. E perguntou a si mesmo se os biscoitos valeriam aquela provação.

A história é uma metáfora para a crise e o anseio que afetam as empresas atualmente. Ela se refere à maneira de liberar o potencial de seus funcionários. Alguém que se sente "trancado" dentro de uma empresa durante 40 horas, todas as semanas, poderá atuar no nível exigido para que seu empregador continue competitivo?

Muitas pessoas começaram sua vida profissional como o primo Jack. Elas apenas queriam fazer uma curta viagem até a cidade. Começaram com pouco mais do que "uma vontade de comer biscoitos", na forma de um salário capaz de alimentar suas famílias. Muitos só acordaram anos depois, descobrindo que estavam viajando no escuro, sendo levados a algum destino incerto. É fácil viver a vida de uma outra pessoa no trabalho e sentir que nossa "alma" e grande parte de nosso potencial estão enclausurados.

Sabemos que existe algo de cativante nessa história porque sempre que a contamos durante um seminário numa empresa, a cabeça dos dirigentes e dos empregados inclinam-se em concordância. Os dirigentes sabem que não conseguem continuar competitivos numa empresa cheia de pessoas cujas paixões não foram despertadas e permanecem semi-adormecidas, implorando para serem liberadas. Todos nós sabemos que dedicamos grande parte da nossa vida ao trabalho, sem dar ouvidos aos apelos que vêm do nosso íntimo.

Dirigentes e trabalhadores atualmente começaram a prestar atenção aos pedidos de ajuda que vêm de dentro de si mesmos. Esses gritos são a voz da alma, abafada e trêmula, mas ainda viva, desejando ser ouvida. Invocada ou não, a alma está presente. Quem vai assumir a responsabilidade de deixar que ela seja ouvida? Considerem que nível de compromisso ou inovação é possível numa organização na qual a alma está virtualmente trancada num frigorífico.

Não precisamos ir a lugar nenhum para encontrar a Alma da Empresa. Ela não está num texto secreto ou num mosteiro desconhecido. A alma está onde você está. E durante a maior parte do dia, o que significa no trabalho. Como disse o teólogo judeu Abraham Joshua Heschel: "Deus se esconde no mundo e a nossa tarefa é deixar que o divino se manifeste em nossas ações." A liderança, nesse contexto, começa com o reconhecimento da presença da alma. Quando se trata de despertar a Alma da Empresa, a liderança baseia-se na compreensão de que a alma quer brilhar através de nós e iluminar nosso trabalho e o local onde trabalhamos.

Hora do toque de despertar

"Ficamos adormecidos até que algo nos acorde", segundo Bill Marriott, da famosa cadeia de hotéis. Isso foi verdade no nosso caso, como para qualquer outro aspirante ao caminho espiritual. Nós dois somos consultores administrativos bem-sucedidos há mais de uma década. Analisando o passado, torna-se claro que a corrida para o sucesso foi uma alternativa para uma busca mais profunda. Nós nos habituamos a ignorar os sons dos nossos chamados para o despertar durante vários anos. Quando a alma nos chamava entre nove horas da manhã e cinco da tarde, estávamos muito ocupados para responder. Era fácil ficarmos abstraídos pelas exigências, prazos e entusiasmo com a organização da nossa empresa. Mas uma noite, enquanto permanecíamos no quarto de hotéis, em cantos opostos do país, nos conscientizamos plenamente de um anseio mais profundo dentro de nossa alma, que não mais podia ser ignorado. Quando falamos a respeito, reconhecemos a necessidade de encontrar um maior ajustamento entre os nossos valores mais elevados e preciosos e o trabalho com o qual estávamos envolvidos na área administrativa, diariamente. Essa noite foi um ponto decisivo na nossa jornada.

Antes disso, nossa rotina era simples. Depois de passar o dia com dirigentes, gerentes e denodados funcionários de uma empresa, buscando meios de melhorar a qualidade e aumentar os lucros, voltávamos para o quarto do hotel e continuávamos a buscar a nossa própria espiritualidade. Fazíamos um bom trabalho, ajudávamos pessoas e empresas; contudo, alguma coisa estava faltando. Conversamos sobre isso e durante muito tempo fomos incapazes de dar nome a esse anseio. Foi um processo lento que nos levou à compreensão de que a nossa insatisfação tinha uma origem espiritual e que a mesma inquietação era sentida pelos nossos clientes.

Muitos dos dirigentes com os quais trabalhávamos queriam algo mais profundo, tanto quanto nós. Entretanto, nas salas de reuniões onde passávamos os dias, ninguém colocava esses anseios em palavras. Isto acontecia porque tudo era muito vago ou porque estava realmente muito claro o que iria significar trazer essa angústia interior à consciência? Como Richard, vice-presidente de um banco regional, nos explicou: "Eu sabia que o trabalho estava sufocando a minha alma, mas admiti-lo teria um efeito catastrófico; isso significava que eu deveria fazer algo a respeito!"

A *crise do comprometimento*

No mês que se seguiu à noite decisiva para a alma, comparecemos a uma conferência sobre as empresas ligadas à tecnologia e que apresentavam o mais rápido crescimento na América do Norte. A conferência foi encerrada com um painel com os principais executivos dessas empresas, aos quais foi endereçada a seguinte pergunta: "Qual será o maior desafio que a sua organização irá enfrentar nos próximos cinco anos?" Mais da metade desses diretores disse algo como: "Estaremos lutando para descobrir um meio de reativar o comprometimento e ajudar as pessoas a encontrar um significado em seu trabalho." A crise do comprometimento é uma doença insidiosa e grave que está afetando os que trabalham nas grandes empresas.

Do ponto de vista da empresa, a batalha é pela sobrevivência básica, alimentada por uma busca incessante por custos mais baixos, aumento da produtividade, inovação e desempenho superlativo. Empresas que não conseguem mais oferecer estabilidade ou aumento de salários enfrentam dificuldades para estimular a lealdade e a responsabilidade. Com a estabilidade oferecida como uma recompensa, com uma nova geração de trabalhadores procurando mais do que dinheiro no trabalho, com o equilíbrio pessoal tornando-se uma questão essencial, tanto para os homens quanto para as mulheres, e o desgaste crescente em todos os níveis, a empresa moderna está se esforçando para atrair e manter pessoas em cargos de direção, sem falar de sua motivação.

Porém, da perspectiva humana, essa crise é altamente pessoal e ameaça a percepção interior de propósito, dedicação e vitalidade que torna o trabalho significativo. Milhões de trabalhadores sentem-se consumidos em suas energias, exaustos e pressionados ao máximo, e com uma profunda sensação de ter sacrificado uma parte importante de sua vida pessoal em benefício da empresa. A busca de algo mais agita-se no íntimo dos trabalhadores, desde as linhas de produção até o topo da hierarquia de uma empresa. Trata-se de uma crise da alma, que somente pode ser resolvida pelo despertar daquilo que chamamos de Alma da Empresa.

É importante observar o modo como a crise toma duas direções. Ela é altamente pessoal, mesmo quando seus efeitos são evidentes em termos de "números". Recentemente, durante um seminário, uma senhora afirmou: "De vez em quando, na solidão do meu trabalho, encontro um oásis que me ajuda a ver por que dedico a ele tanto tempo e esforço. A parte mais difícil é que parece que está havendo uma distância cada vez maior entre esses oásis."

Marcia, vice-presidente de uma empresa da área da saúde, nos disse: "A luz no final do túnel desapareceu." Mark, que dirige uma grande empresa gráfica, confessou: "Submetemos as pessoas a tantas coisas — redução de pessoal, remanejamento de pessoal e reengenharia — que a estabilidade de emprego tornou-se uma expressão reservada para as histórias em quadrinhos. Não sei como vocês conseguem promover a responsabilidade. Mesmo no que me diz respeito."

Nós achamos que a recuperação e o despertar da Alma da Empresa é o fundamento da competitividade sustentada porque a alma constitui a verdadeira fonte que permite às pessoas resistir e criar nos momentos de incerteza. Como David Whyte habilmente comenta em seu trabalho *The Heart Aroused*, ao descrever a maioria das reações empresariais à crise: "Devido à ênfase dada aos resultados financeiros, elas se desviam do verdadeiro mecanismo interior, que se encontra no centro da criatividade de uma pessoa... e cultivam uma força de trabalho incapaz de responder com talento pessoal à confusão da mudança no mercado." A tentação de rejeitar a alma como muito fraca para lidar com as pressões do mundo real corresponde a uma visão limitada. Ironicamente, quanto mais difíceis os tempos, mais a alma tem de estar presente para enfrentar os desafios. O sábio Lao-Tzu escreveu: "O fraco domina o forte; a suavidade supera a rigidez. Todos conhecem esta verdade, mas poucos a colocam em prática."

O que é a Alma da Empresa?

Se a expressão Alma da Empresa evocar imagens de trabalhadores rezando nos corredores ou de cantos gregorianos enchendo de som o salão do refeitório (ou pior ainda, de *slogans* motivadores enquanto você espera que uma ligação seja completada quando telefona para uma loja de departamentos) reflita melhor. Alma da Empresa não é um conceito teológico. É uma expressão que usamos para descrever a experiência de chegar ao trabalho com o máximo de dinamismo. A Alma da Empresa é, acima de tudo, a experiência de alcançar um nível mais profundo de vitalidade, inspiração, significado e criatividade — que implica mais do que apenas "fazer o meu trabalho".

O despertar da Alma da Empresa tem por objetivo levar as energias mais profundas e dinâmicas para o trabalho e não institucionalizar um determinado sistema de crenças. Alma, da maneira como empregamos o termo, significa a energia vital básica que está por trás e anima toda a atividade humana. A inspiração de um artista, a paixão de uma pessoa empreendedora, a responsabilidade de um pai ou de uma mãe e a curiosidade de um cientista — todas essas qualidades e muitas outras provêm do manancial da alma. A Alma da Empresa é a expressão dessa suprema energia geradora de vida, no trabalho e dentro da empresa. Quando a Alma da Empresa está desperta, o trabalho desabrocha, se desenvolve e se manifesta como produtividade, criatividade, inovação e inspiração.

Usamos a expressão Alma da Empresa atentos às diferentes reações que ela pode desencadear. A palavra alma tem recebido o ônus de uma superabundância de conotações. Ela tem sido usada de tantas maneiras por grupos diferentes que, atualmente, para muitas pessoas, a "alma" tornou-se um mistério atraente mas ambíguo. Não queremos ficar presos à terminologia teológica e não podemos seguir o conselho do filósofo Ludwig Wittgenstein: "A respeito do que não se pode discutir, nada deveríamos dizer." Em vez disso, desejamos definir os termos de maneira que venham a dar apoio à nossa intenção de renovar e transformar a vida e os locais de trabalho.

Uma empresa pode ter alma?

O despertar da Alma da Empresa começa com o despertar das pessoas. Elas se abrem à riqueza de recursos que é a alma. Porém, quando uma pessoa que está despertando chega na segunda-feira de manhã a um ambiente hostil à alma, ela se retrai. O manancial florescente fica obstruído. Os recursos não são acessados. Por isso, o despertar da alma individual não é suficiente. No judaísmo, a expressão *Tikkun Olan*, ou cura do mundo, torna claro que ninguém pode ser curado sozinho. A realização isolada é uma contradição em termos. Somos curados por causa e em benefício de outrem. O autor nativo norte-americano Jamake Highwater usa a palavra *orenda* para se referir à alma ou fogo tribal. Existem épocas em que as chamas da *orenda* ardem fulgurantemente — quando as pessoas estão unidas, têm um objetivo comum, compartilham do mesmo ritual ou participam de uma celebração coletiva. E existem momentos em que a *orenda* mostra-se tênue — em momentos de discórdias não-resolvidas, de confusão com respeito a uma orientação e de medo.

Da mesma forma, o estado da Alma da Empresa de uma organização não é igual ao de outra. Para algumas organizações, é evidente que a Alma da Empresa está sonolenta; em outras, parece que desmaiou. O grau de "vigília" da Alma da Empresa será refletido no tipo de responsabilidade e de entusiasmo (ou em sua ausência) que podem ser encontrados na força de trabalho e, em última análise, na competitividade da empresa. Albert Camus escreveu: "Sem trabalho, toda a vida se deteriora — mas quando o trabalho não tem alma a vida é sufocada e morre." Quando a alma de uma empresa está adormecida, as pessoas que nela trabalham perdem o sentido de seu objetivo e de seu lugar no mercado. Tornam-se fundamentalmente enfraquecidas, executando os atos exigidos pelo trabalho sem que haja neles o sopro da vida.

Compreendemos melhor o que é a Alma da Empresa, simplesmente entrando em um escritório qualquer. Há, de imediato, uma sensação palpável da alma desse lugar, da natureza interior da empresa. Percebemos certas qualidades distintivas, refletidas no espaço físico, na estrutura da organização, na linguagem e no comportamento das pessoas que ali encontramos. Contudo, por trás dessas expressões exteriores, manifesta-se uma energia básica — a Alma da Empresa daquele local de trabalho. Se formos honestos, poderemos reconhecer a "alma" de um lugar, a partir do momento em que entramos nele. Embora uma definição conclusiva de alma possa ser impossível de alcançar, reconhecer a influência de sua presença para nós mesmos e nossas empresas é essencial. Albert Schweitzer disse: "Nunca encontrei uma boa definição de alma, mas eu a reconheço quando a sinto." Nós também o fazemos quando a temos em nosso próprio trabalho.

Recupere a alma

Hoje em dia, muitas empresas ficam chocadas com o diagnóstico de "mude ou morra". Os trabalhadores vêm sendo lançados num mundo desconhecido, onde a segurança é ilusória e os líderes debatem-se na busca de uma maneira de inspirar responsabilidade em meio ao caos generalizado. À medida que as formas econômicas e sociais que nos são familiares se desintegram, surge a necessidade, cada vez maior, de basear a vida das empresas em valores duradouros que constituem o ambiente natural da alma. Talvez as empresas possam aprender com as experiências relatadas por pessoas seriamente doentes quanto a uma incrível estabilidade e orientação que a consciência de seu objetivo mais profundo lhes proporciona, enquanto enfrentam o choque da doença que ameaça suas vidas. Por meio do reconhecimento e da reaquisição do significado mais profundo de sua vida, esses pacientes são capazes de aceitar a realidade, agir e viver de um modo mais autêntico e enriquecedor.

Obviamente, as empresas não têm de esperar que uma situação lhes ameace a vida para começar a se reorientar numa direção em que a alma esteja presente. A simples observação da inevitabilidade da mudança e a escolha, com uma atitude de gratidão, de uma vida revitalizada, diante da impermanência, é uma poderosa postura de liderança disponível a qualquer momento. Mais do que nunca, no mercado, torna-se claro que não há uma obrigação de imutabilidade. A mudança é o *status quo*. Para os dirigentes, o desafio está em ver essa instabilidade como a condição ideal para despertar a alma da empresa. Ao basear suas soluções empresariais nessa fonte mais profunda, trazendo de volta o impulso espiritual para a essência do trabalho, a responsabilidade humana e a energia necessária para pôr em prática uma estratégia realmente propícia em meio à mudança implacável são liberadas.

Dando nome ao anseio

Hoje em dia, esse anseio está emergindo nos locais de trabalho. Por trás da irritação e do cinismo existe o desejo ardente de integrar a vida espiritual e a vida de trabalho, de criar uma estrutura unificada que entremeie os mundos interior e exterior. Na superfície, aceitamos uma visão "Dilbert" do mundo do trabalho, repleta de uma enorme perspicácia e de um cinismo que paralisa a alma, para o qual nada melhor é possível. Em um nível mais profundo, o nível de nossa alma, todos nós sabemos que deve ser possível descobrir, no trabalho, o que temos de melhor.

Meister Eckhart, um grande místico que compreendia a experiência diária de seus paroquianos, afirmou: "Para ser correta, uma pessoa tem de fazer uma destas duas coisas: deve aprender a estar com Deus no trabalho e ali manter-se firmemente apoiado nele, ou deixar de trabalhar. No entanto uma vez que não podemos viver sem trabalhar, devemos aprender a conservar a presença de Deus em tudo o que fazemos, qualquer que seja o trabalho ou o lugar no qual o realizamos." Acrescentaríamos que da mesma maneira que uma pessoa não pode viver sem trabalho, ela não pode trabalhar realmente sem a alma.

Talvez haja um certo receio associado à manifestação dos anseios da nossa alma. Afinal de contas, estes são tempos difíceis e a empresa poderá não querer ter por perto alguém com idéias simplistas e indistintas a respeito da alma. Devido à grande pressão e à pequena reserva de tolerância, as pessoas tenderão a demonstrar pouca paciência com essa questão. Uma pessoa poderá ter uma noção exata desse receio quando, como um alto executivo de uma empresa, estiver diante da diretoria e dos acionistas ou como funcionário da linha de produção diante de um severo gerente de médio escalão.

Para nós, o receio referia-se à credibilidade. Será que alguém iria nos levar a sério quando expuséssemos a idéia da Alma da Empresa como fundamental para a renovação da estrutura de uma organização? Antes de trabalhar com empresas, havíamos, ambos, iniciado nossas carreiras com objetivos sumamente espirituais, John como ministro presbiteriano e Eric como instrutor de yoga e meditação. Anos mais tarde, embora a dimensão espiritual de nossas vidas ainda permanecesse pessoalmente ativa, o foco de nossa atividade profissional havia se transferido para a área empresarial. Nossa descoberta da Alma da Empresa reuniu dois aspectos paralelos de nossas vidas num todo equilibrado.

Em termos práticos, isso significava ficar abertos a perguntas e nos envolvermos em ações que não faziam parte das atividades principais de mudança nas empresa. Superar a nossa hesitação para suscitar questões mais profundas no local de trabalho necessitava de sensibilidade e de coragem. Isso significava que teríamos de nos despir do escudo da nossa chamada imagem profissional e falarmos ocupando uma posição desprotegida. T. S. Eliot, relembrando os ensinamentos de São João da Cruz, escreveu: "Se você quiser chegar a um lugar que não conhece, terá de trilhar um caminho desconhecido." Esse era o nosso dilema e o dilema de muitos de nossos clientes.

Ao iniciar nossa jornada com determinação, nos perguntamos: Como os dirigentes irão superar os obstáculos e descobrir a alma em seu trabalho? Como uma empresa começa a desenvolver e a alimentar suas possibilidades mais elevadas? Como os locais de trabalho poderão passar do cinismo para uma nova vitalidade que habilmente não se deixa engolfar pelas ondas da mudança?

Por favor, não nos venham com outro modismo administrativo

Tornou-se claro para nós que os esforços tradicionais no sentido de mudar as empresas não abordam níveis mais profundos da alma. Existem grandes técnicas e procedimentos para medir, avaliar e alterar o comportamento, a estrutura e as políticas de uma companhia. E, embora tivéssemos observado a ocorrência de mudanças positivas com o uso desses métodos, eles não atingiam a alma diretamente.

Quando começamos a discutir a Alma da Empresa com pessoas dentro das organizações, suas reações foram basicamente de dois tipos. Algumas a repudiaram como um conceito sem sentido da nova era. Isso não nos perturbou muito. Porém, os que nos fizeram pensar foram aqueles que disseram que alma da empresa era apenas uma nova expressão para fortalecimento, melhora de qualidade, criação de equipes, estabelecimento de metas e assim por diante. Era essencial que compreendêssemos o significado disso.

Seria essa apenas uma nova denominação das técnicas familiares de mudança? A melhor resposta é a de que aquilo a que nos referíamos constitui um nível mais profundo de mudança. Formação de equipes, aumento do poder, políticas de convívio amistoso do grupo e outros são meios válidos para se criar empresas capazes de suscitar responsabilidade e manter a competitividade. Entretanto, essas técnicas só podem levar uma empresa até um certo limite. Poderá haver equipes mas não uma comunidade; resultados claramente definidos mas nenhuma sensação evidente de que o trabalho está contribuindo para algo significativo. É possível instituir horas de trabalho flexíveis mas, mesmo assim, continuar a ter um local de trabalho onde as pessoas não conseguem ser elas mesmas ou falar a verdade sem medo. O despertar da Alma da Empresa diz respeito a um nível de mudança mais profundo e que toca os aspectos mais íntimos de nosso ser.

Podemos ilustrar a natureza dessa transformação em termos de um relacionamento conjugal. Um casal poderá aprender técnicas de comunicação que modificarão a maneira como discutem, tomam decisões e fazem exigências mútuas. Eles poderão, além disso, estabelecer um "encontro à noite" e reorganizar seus horários de maneira a permanecer mais tempo na companhia um do outro. Mas técnicas de comunicação e mudanças de horário, por mais importantes que sejam, não conseguem tornar um casamento duradouro ou pleno. Há um outro nível de percepção e desenvolvimento que deve estar presente para que um relacionamento desse tipo se sustente e floresça. Esse nível vai além das técnicas e inclui respeito mútuo, responsabilidade de cada um dos parceiros, valores compartilhados e boa vontade para ser plenamente compreendido. Uma comunicação profunda surge naturalmente quando ocorrem essas mudanças mais profundas.

Da mesma forma, qualificação, trabalho em equipe e desenvolvimento empresarial são ferramentas úteis para empresas e dirigentes. Elas têm produzido algumas alterações positivas e vantajosas quanto à competitividade e a integridade das empresas. Entretanto, até as melhores empresas terminam com muitos de seus trabalhadores mostrando-se céticos acerca das possibilidades de mudanças. Por isso, o despertar da Alma da Empresa está ligado a uma reconfiguração fundamental da vida da empresa, de maneira a se trazer à tona seu potencial humano mais elevado. O conteúdo principal deste livro aborda os caminhos que levam a um ambiente de trabalho dessa natureza.

O trabalho é sagrado

Um ponto de partida seguro para a descoberta da alma no trabalho é o reconhecimento de que ele é sagrado para a maioria das pessoas, embora esse fato seja ocultado pela maioria dos trabalhadores e dirigentes. Na tradição zen-budista, um período de tempo é reservado, todos os dias, para o trabalho físico, como jardinagem, carpintaria e outras tarefas necessárias para manter um mosteiro em bom funcionamento. Conta-se que o Mestre Hyakujo reunia-se a seus discípulos diariamente durante esse período de trabalho. À medida que o Mestre ficava mais velho, seus discípulos perceberam que não era conveniente que ele se sujeitasse àqueles trabalhos. Eles o procuraram para discutir a questão, mas a sugestão foi ignorada. Um monge resolveu incumbir-se do assunto e escondeu as ferramentas do Mestre. Este passou o dia seguinte sentado tranqüilamente no seu quarto. Quando o acólito levou-lhe suas refeições, Hyakujo agradeceu polidamente com uma inclinação da cabeça, mas não comeu nada. Simplesmente permaneceu sentado. Depois de três dias, o monge que lhe servira a comida intocada perguntou: "Mestre, por que o senhor não come?"

Hyakujo respondeu: "Um dia sem trabalhar é um dia sem comer."

Como essa história sugere, o trabalho é por si mesmo um alimento espiritual. Trabalhar é ingerir esse alimento. A alma necessita de uma sensação de estar presente neste mundo, de ter uma função e de estar dando sua contribuição. Em grande parte, isso é obtido por meio do trabalho. Não é possível falar da alma no trabalho ou locais de trabalho em que a alma está presente até reconhecermos que, para a maioria das pessoas, o trabalho está relacionado com o espírito, tanto quanto o salário. Encarar o trabalho apenas como o meio de receber um salário é levar a alma a um estado de inanição. Os dirigentes que consideram os que trabalham para eles como pessoas que estão, antes de tudo, em busca de um salário, esquecem de praticar atos que podem reativar uma responsabilidade permanente.

Em 1996, uma pesquisa da revista *Fortune* mostrou que oito entre dez pessoas continuariam a trabalhar ainda que se tornassem suficientemente ricas a ponto de não precisar do dinheiro. Por quê? As três respostas mais freqüentes foram: para manter a sensação de estar contribuindo para alguma coisa, de estar ajudando a si mesmas e aos outros a crescer e para aperfeiçoar as suas habilidades. Obviamente, muitas dessas pessoas disseram que iriam modificar a natureza de seu trabalho, adaptando-o melhor a seus valores espirituais, sociais ou artísticos. Quando está livre da necessidade de dinheiro, a maioria prefere continuar a alimentar a própria alma por meio do trabalho.

Em um de nossos seminários, Lisa levantou-se e disse o seguinte: "Como todos sabem, ninguém jamais declarou em seu leito de morte: 'Eu gostaria de ter passado mais tempo no escritório.'" Embora concordássemos com ela, embora ainda não tivéssemos estado à cabeceira de um número suficiente de pessoas moribundas para saber disso, nos aprofundamos na questão, sugerindo que sua pilhéria dizia mais respeito ao fato de que o trabalho, como atualmente está estruturado, não nutre a alma além do fato de o trabalho não ser, em si e por si mesmo, essencial à vida espiritual.

Um antigo hino do *Rig Veda*, a escritura mais antiga da Índia, diz: "Que o fio de minha canção não seja cortado enquanto eu ainda estiver cantando. Que o meu trabalho não termine antes de ter sido completado." Existe uma chama dentro da alma que quer arder até o fim. Desejamos investir nosso tempo em um trabalho que evoque a grandeza que sentimos no interior da alma. Certamente, a história de Hyakujo aponta para a inseparável natureza do trabalho e da vida espiritual. De fato, todas as tradições de sabedoria salientam que o trabalho é indispensável para uma vida plena. Se separarmos o trabalho da alma, estaremos, em certo sentido real, evitando um dos nossos impulsos mais básicos.

Estratégias para a alma

O despertar da alma não é uma questão de acaso nem está totalmente sob o controle da vontade. Este paradoxo é bem conhecido em todas as tradições espirituais. Nos caminhos tradicionais existem práticas e técnicas que são usadas para despertar a alma adormecida e infundi-la com a vitalidade de sua verdadeira herança. Seja por meio de preces, meditação ou outras formas bem definidas de trabalho espiritual, as tradições deixam claro que a busca de uma alma desperta não é um processo aleatório, indefinido. Um instrutor de meditação afirmou: "A iluminação é um acidente, mas algumas atividades tornam-nos propensos aos acidentes." A Alma da Empresa poderá não ser despertada pelo envio de um memorando, mas existem atividades definidas que promovem e aceleram o seu despertar.

Durante os anos que trabalhamos como consultores, passamos meses de nossas vidas ajudando os dirigentes a desenvolver estratégias de vários tipos: estratégias de mercado, tecnológicas, de recursos humanos, de redução de custos e de serviços ao consumidor. Porém, quantas pessoas dedicam seu tempo ao desenvolvimento e prática da estratégia da alma? Da mesma forma que em nossa vida pessoal, quando as exigências de um horário implacável não deixam tempo para o trabalho espiritual, também nas empresas a alma fica entregue a si mesma. Que empresa deixaria sua carteira de ações entregue a si mesma? É evidente que uma estratégia passiva como essa seria claramente absurda. O mesmo pode ser dito no que se refere à alma.

Quando a alma está presa num vagão de trem escuro, esperar que ela cuide de si mesma é uma insensatez. Nas empresas, a alma está despertando. Isso é um sinal de alerta. O fato de que viajar em busca de biscoitos não é suficiente já começou a ser compreendido por muitas pessoas. Dar ouvidos àquele sinal de alerta é o primeiro passo. A seguir, é necessário agir e criar estratégias para o despertar.

EXERCÍCIO: TOME O PULSO DA
ALMA DO SEU LOCAL DE TRABALHO

Até que ponto a Alma da Empresa está desperta no seu local de trabalho? Quais são os sinais que revelam essa situação na sua empresa?

EXERCÍCIO: O QUE É A ALMA DA EMPRESA

Devemos começar dando um nome a esse anseio. Como você definiria o fato de haver uma alma em seu trabalho? Escreva uma ou duas frases, concentrando-se nas palavras-chave que descrevam o sentimento que você deseja no trabalho.

Agora, como um dos dirigentes, tente descrever o que significaria para a sua companhia ter uma Alma Empresarial. Concentre-se mais uma vez em palavras-chave que descrevam o sentimento que você deseja que haja realmente no seu local de trabalho.

2

Monges, Mosteiros e as Empresas Modernas

Este livro não começou a ser escrito como uma obra a respeito de empresas baseado em tradições espirituais. Embora tenhamos ambos estudado essas tradições durante toda a nossa vida, e sentíssemos que elas oferecem orientação prática para a vida de uma empresa, resistimos a usá-las como fundamento para o nosso trabalho. Não foi senão quando começamos a conversar com os nossos clientes, muitos dos quais não eram estudiosos das tradições em si mesmas, que percebemos a clara ligação entre os esforços das empresas modernas em busca do comprometimento e da sabedoria encontrados nas tradições espirituais. As coisas que as pessoas nos contavam estabeleciam uma conexão delas com o trabalho e liberavam suas potencialidades mais profundas — uma sensação de servir, de estar fazendo alguma coisa no momento, de verdadeira participação, de ajustamento e de talento pessoal — constituíam também o foco de muitas das tradições orientais e ocidentais, que estivéramos analisando e pondo em prática durante uma década.

Mesmo assim, é com certa apreensão que colocamos as tradições no centro do nosso trabalho. As palavras alma, espírito, sagrado não são termos comuns no léxico dos negócios. Iriam os leitores e clientes opor-se a elas com receio de que religião e trabalho estivessem sendo confundidos? Seria dada pouca importância a princípios como incoerên-

> *Todos os místicos falam a mesma língua porque vêm do mesmo país.*
>
> Louis Claude de Saint-Martin

> *Viajantes, não existe nenhum caminho; estes são abertos ao se caminhar.*
>
> Antonio Machado

cias da Nova Era, sem relevância para o mercado empresarial, que enfrenta as dificuldades com energia e determinação, realista e resolutamente? Seríamos capazes de comunicar o enorme valor das tradições de sabedoria para a cura da enfermidade subjacente que afeta a vida das empresas?

Dirigir-se à fonte

As tradições de sabedoria são o repositório do aprendizado humano no que se refere à alma. Elas constituem o registro de nossos esforços coletivos em busca do sagrado e sua compreensão. Grandes gênios espirituais de todas as culturas tiveram seus ensinamentos preservados nos textos sagrados. Em face desses recursos, não temos de esperar pela próxima palavra da área administrativa. A orientação mais profunda que buscamos já se encontra disponível.

Em seu trabalho clássico sobre as tradições espirituais do planeta, *The Perennial Philosophy,** Aldous Huxley salientou que, sob as formas e rituais das diferentes tradições, existe uma fonte oculta de onde emana uma sabedoria comum. Quando afastamos sua camada cultural, os ensinamentos espirituais revelam uma essência consistente de sabedoria. Essa essência é a fonte permanente de orientação.

Não é nosso objetivo transformar empresas em mosteiros ou sugerir que o lugar da religião é no trabalho. A religião não está no âmbito das preocupações das empresas nem das considerações deste livro. Estamos, mais exatamente, interessados nas tradições espirituais e em sua poderosa essência de sabedoria. Recorrer às tradições é aproveitar a sabedoria dos tempos que nos ensina como podemos agir da melhor maneira possível. Um recurso como esse não pode ser ignorado se realmente desejarmos melhorar as nossas empresas. Com reverência, abordamos as tradições como um recurso extremamente indispensável.

Há uma tendência no sentido de os dirigentes de empresas se deixarem seduzir pelos novos modismos e modelos de administração. Conseqüentemente, poderá parecer fora de moda, mas essencial, sugerir que as respostas para as perguntas mais fundamentais a respeito de motivação, participação e responsabilidade podem ser facilmente obtidas na infinita sabedoria de todas as tradições. Contudo, as tradições sobreviveram precisamente porque as pessoas — e os dilemas humanos — mudaram muito pouco. Obviamente, a forma dos desafios mudou, especialmente com os avanços da tecnologia, a globalização e as modificações do mercado.

Por que não buscar orientação nos ensinamentos que vêm sendo transmitidos a incontáveis pessoas que buscam a espiritualidade há milhares de anos? Por que ignorar esse valioso repositório da percepção intuitiva que se desenvol-

---

* A *Filosofia Perene*, publicado pela Editora Cultrix, São Paulo, 1991.

veu através de séculos? A capacidade de perdurar que as tradições de sabedoria têm para ensinar e guiar a experiência humana é um testemunho de sua inerente utilidade. William O'Brien, antigo presidente-executivo da Hanover Insurance, escreveu: "Muitos administradores não alcançam a excelência de que são capazes simplesmente porque não devotaram tempo suficiente para refletir sobre a aplicação da sabedoria antiga às suas responsabilidades profissionais."

Buda e a exaustão emocional

Logo no início de seu trabalho como consultor, Eric descobriu como as tradições espirituais podiam reavivar a responsabilidade no trabalho. Ele fazia parte de uma equipe de instrutores que ministravam um curso de cinco dias sobre liderança para membros de uma empresa que figurava na relação das 500 maiores do país elaborada pela revista *Fortune*. Depois da primeira sessão, tornou-se claro que eles estavam lidando com algumas pessoas infelizes, a maioria das quais ocupava posições administrativas de médio escalão e sentiam-se presas numa armadilha, subjugadas, sobrecarregadas e ameaçadas pelas pressões de seu trabalho. Conseqüentemente, foi com certa preocupação que Eric dirigiu para o seu segundo compromisso como instrutor exclusivo de vinte gerentes de uma divisão situada no nordeste do país. Era fevereiro e a paisagem gelada lá fora assemelhava-se às expectativas de Eric para aquela sessão. No primeiro dia, ao entrar na sala de treinamento Eric olhou para vinte pares de olhos frios e sentiu uma onda de raiva invadi-lo e pensou: "Não vou deixar que me derrotem. Vou mostrar a eles!" Ele lançou mão de suas histórias mais motivadoras, das anedotas mais engraçadas, das técnicas de maior sucesso. Tudo foi inútil. Uma nuvem de ceticismo e desinteresse continuava a pairar no ar.

Dirigindo de volta para o seu quarto de hotel, Eric observou a cidade industrial decadente, a tinta das paredes descascando, os automóveis abandonados. No hotel, como se conspirasse diabolicamente com o seu desânimo, o chuveiro recusava-se a fornecer água quente. Mais tarde, naquela noite, enquanto lia um livro sobre budismo, Eric encontrou uma descrição que correspondia tão fielmente ao seu estado de ânimo que ficou surpreendido. O texto enumerava as peculiaridades que caracterizavam a mente conturbada: raiva, animosidade, a insistência em estar sempre com a razão e a atitude insensata de considerar os outros e o mundo exterior em geral como fonte de seus problemas. Adotar uma visão como essa, afirmava o texto, é uma receita para uma extrema frustração. A vida vivida nesse estado mental era chamada de "todas as aparências se apresentam como o inimigo". Eric compreendeu que tinha insistentemente povoado seu mundo de inimigos — as pessoas que faziam o curso e todos os seus gerentes, os funcionários do hotel, o encanamento, e, acima de tudo, as pessoas que o haviam envolvido naquele trabalho!

O texto prosseguia, descrevendo o meio de sair desse inferno criado por ele mesmo, que é considerar a experiência como um instrutor e prestar uma profunda atenção e por conseguinte transformar uma situação, mesmo a mais desafiadora, numa oportunidade para aprender. Quando ele entrou na sala de treinamento no dia seguinte, sua postura defensiva tinha sido substituída por uma atitude de abertura e curiosidade. Aquilo que tinha se apresentado como resistência no dia anterior, parecia mais uma frustração real em relação a um programa que havia sido imposto de "cima". Deixando de lado o material que preparara para aquele dia, Eric perguntou: "O que tornaria os últimos quatro dias que nos restam interessantes e úteis para vocês?" Pelo fato de o sentimento por trás da pergunta ser genuíno (e não simplesmente uma técnica), o grupo reagiu positivamente. A barreira entre Eric e os gerentes participantes do programa começou a ruir. Juntos, os executivos analisaram a natureza de suas frustrações e desafios. Começaram a reconhecer a necessidade de crescer e aprender. Vários participantes fizeram comentários sobre o poder da mente para se ajustar à experiência. "Existem muitas coisas aqui que precisam ser mudadas", admitiu um dos participantes, "mas, para mim, a primeira é a minha própria atitude."

As palavras de um antigo texto de sabedoria tinham transformado uma monótona sessão de treinamento, dominada pelo ceticismo, numa oportunidade de verdadeiro progresso.

Linguagem e renovação da empresa

Quando, pela primeira vez, começamos a investigar seriamente o desenvolvimento da Alma da Empresa, passamos a observar a linguagem usada no mundo dos negócios. A linguagem diária dos negócios exclui a alma e tudo aquilo que é espiritual e sagrado. A simples menção dessas palavras nas salas de reunião da maioria das empresas viola um tabu implícito. Afinal de contas, o pensamento corrente é: isto são negócios! Que lugar a alma tem ali? Surpreendentemente, tornou-se inaceitável a incorporação dos nossos impulsos e pensamentos mais profundos ao ambiente em que passamos metade das horas que estamos despertos e investimos a maior parte de nossa energia. O vocabulário do mundo dos negócios concentra-se em palavras cujo significado é fácil de medir. Ao mesmo tempo, a verdade sem subterfúgios é suplantada por eufemismos como dimensões corretas e oportunidades de avaliação de carreira.

A linguagem é poderosa. Ela não descreve simplesmente, mas também dá forma à realidade. Torna-se o filtro através do qual percebemos o mundo. Se nossa linguagem excluir a alma, seremos incapazes de visualizar a possibilidade real de um ambiente de trabalho espiritualizado. Como conseqüência de uma linguagem limitada, a realidade da alma não é bem-vinda na maioria das empreses. Entretanto, um dos axiomas das tradições de sabedoria é que independentemente de vivermos nas montanhas do Tibete, às margens do rio Jordão ou numa grande área metropolitana, sempre necessitaremos enfrentar e resolver algumas questões humanas essenciais. O ambiente poderá diferir, mas os dilemas humanos fundamentais permanecem inalterados.

Em nosso trabalho com executivos, as antigas questões da alma humana são as que vêm à tona com mais freqüência: O que estou fazendo aqui? Como posso equilibrar a minha vida? Qual é o propósito deste trabalho? Qual é o papel dele dentro do contexto maior da minha vida? O que significa liderar? Seguir? Servir? Quais papéis desempenham a coragem, o desapego e a compaixão no trabalho? Embora essas questões estejam na raiz de muitas crises nas empresas, geralmente não existe um fórum no qual esses temas possam ser examinados. Além disso, em geral não existe uma linguagem "aceitável" para expressar essas preocupações.

Uma razão para se usar as tradições de sabedoria como base para reativar o comprometimento no trabalho é o fato de que elas nos fornecem uma linguagem para a alma. A alma necessita de uma linguagem mais profunda do que "lucros trimestrais, revisões anuais, análise de competitividade" etc. Ao nos transferirmos e às nossas empresas para o mercado global, que exige criatividade, responsabilidade, sentido de comunidade e uma adaptação incessante às novas circunstâncias, iremos necessitar de uma maneira de trazer à tona os mais nobres propósitos humanos existentes em nós mesmos e nos outros. Isso necessita de um tipo de linguagem que as tradições de sabedoria oferecem. Estudos na área da criatividade e da inovação indicaram que o simples ato de usar uma nova linguagem rompe antigos padrões e nos eleva a novas perspectivas.

A resistência a uma linguagem mais espiritualizada pode alcançar proporções cômicas. Recentemente, Mary, uma de nossas colegas, estava sentada ao lado de um alto executivo de uma firma classificada entre as cem maiores pela revista *Fortune*. Durante sua conversa com ele sobre mudanças e sobre a necessidade de se incentivar uma maior adaptabilidade entre os trabalhadores, Mary lhe fez uma simples pergunta, ou pelo menos assim lhe parecia: "O que os senhores estão fazendo em sua companhia para ajudar as pessoas a identificarem de que maneira seus valores pessoais se ajustam aos objetivos da empresa?"

O executivo parecia ter ficado aturdido. "Não é permitido", respondeu ele, "pedir às pessoas que considerem seus valores pessoais durante o trabalho."

Uma nova linguagem é necessária para que as empresas cheguem a um nível mais profundo de envolvimento. Palavras como comunidade, significado, serviço, contribuição, alegria, paixão, vocação e alma devem estar em pé de igualdade com palavras mais familiares como trabalho em equipe, resultados, valor adicional, emprego e desempenho. Imaginem o que poderia acontecer em qualquer empresa com a simples introdução de um novo glossário que desperta nas pessoas suas mais profundas aspirações, criatividade e convicções.

Fazer o que se diz

Nossas vidas espirituais e profissionais têm seguido trajetórias paralelas durante anos. Nós viemos de tradições espirituais diferentes. John seguiu um caminho ocidental e foi pastor presbiteriano. Eric voltou-se para o Oriente em busca de inspiração e prática espiritual. Depois de anos de treinamento com seu guru, Eric tornou-se professor de yoga e meditação. Tínhamos seguido caminhos espirituais por mais de duas décadas, ao mesmo tempo que desenvolvíamos ativamente nossas carreiras como consultores de empresas. E embora os valores e percepções de nossa vida espiritual permeassem nosso trabalho como consultores, ainda havia uma falta de conexão. Uma barreira tênue mas definida separava o eu espiritual do eu profissional. Embora estivéssemos persuadidos de que isso era correto e levava a melhores resultados para os nossos clientes, quanto mais escutávamos à voz da Alma da Empresa, menos verdadeira essa atitude parecia.

Reunião após reunião, quando o andamento das coisas ficava difícil, quando nossos clientes se mostravam indiferentes ou frustrados, nós nos perguntávamos: "Estamos abordando os problemas reais? Não existe algo mais fundamental que necessita ser discutido e resolvido?" Só depois que passamos a analisar com profundidade a maneira pela qual as tradições de sabedoria poderiam estar relacionadas com as batalhas dos modernos guerreiros das empresas os obstáculos começaram a ser vencidos.

Para John, um desses momentos de percepção ocorreu enquanto cumpria um contrato multianual de aperfeiçoamento do serviço ao consumidor. Durante um encontro de três dias fora da empresa com os executivos da organização, ele mencionou casualmente suas atividades iniciais como pastor e guia de retiros espirituais. Aquela era a primeira vez que a maioria deles tinha notícia desse aspecto da formação de John. Durante os intervalos naqueles três dias, muitos dos administradores conversaram com John e expressaram o desejo de saber de que maneira ele relacionava a espiritualidade com a vida empresarial e o sucesso. Parecia que muitos deles estavam esperando que alguém os convidasse a levar as dimensões mais profundas de seu ser ao escritório.

O nível de interesse e entusiasmo na sala de reuniões cresceu. Ao serem mencionadas as tradições espirituais, as pessoas sentiram-se persuadidas a dirigir sua conversa, seu questionamento e seu comprometimento para um nível mais profundo. Aquela foi uma das reuniões mais eficientes que elas jamais tiveram.

Histórias sobre a Alma da Empresa

Quando se tornou claro que havia uma ânsia indiscutível por caminhos mais profundos no trabalho, começamos a procurar a maneira de introduzir adequadamente as tradições de sabedoria no ambiente de trabalho. Foram os nossos clientes que nos ajudaram a descobrir métodos viáveis para despertar a Alma da Empresa. Durante nossos cursos e palestras, pedimos a milhares de pessoas que descrevessem momentos nos quais estavam em plena atividade no trabalho, quando a alma permeou sua vida profissional. Queríamos saber o que, na opinião delas, fazia com que a alma se manifestasse, o que alimentava a sua manifestação e o que era revigorado pela sua presença no local de trabalho.

Utilizamos uma proposição simples para suscitar respostas. Passamos a chamá-la de *a pergunta dos 150%*. É a seguinte: "Pense num trabalho ou projeto que tenha exigido 150% de sua energia e empenho, com o qual você esteve totalmente envolvido, no qual seu desempenho foi o melhor possível e você encontrou um máximo de satisfação no seu trabalho. Depois, responda: o que fez com que você manifestasse aqueles 150%?"

Com o passar do tempo, desenvolvemos uma estrutura para ajudar as pessoas a explorar a pergunta dos 150%. Pedimos a elas que pensassem na importância do papel que desempenharam, no das equipes e pessoas com as quais trabalhavam, no resultado de seu trabalho e a conexão deste com seus próprios valores. Talvez vocês queiram explorar essas questões por si mesmos. Suas respostas fornecerão os fundamentos para criar uma estratégia da Alma da Empresa.

Os quatro caminhos que levam à Alma da Empresa

À medida que íamos reunindo mais e mais histórias, um padrão começou a se formar e descobrimos que as pessoas despertavam a Alma da Empresa por quatro caminhos. Nós os apresentamos aqui para oferecer uma visão geral daquilo que aprendemos; esses caminhos serão discutidos com maiores detalhes no decorrer do livro.

Chamamos o primeiro dos quatro caminhos de *Caminho do Eu*. A alma desperta quando as pessoas estão conscientes de sua própria vocação, ligadas a seus valores mais elevados, e quando produtivamente os colocam em ação em seu trabalho diário. Embora esse caminho se refira principalmente à descoberta individual da vocação, os dirigentes das empresas são responsáveis pelo desenvolvimento de um clima que estimule o tipo de autodescoberta necessária para que as pessoas levem seus valores e entusiasmo para o local de trabalho.

A seguir, encontra-se o *Caminho da Contribuição*. Ao trilhar esse caminho, as pessoas descobrem a motivação mais profunda para o seu trabalho. O valor e o significado de sua contribuição tornam-se visíveis à medida que as pessoas reconhecem que seus esforços diários servem a uma meta meritória. Quando as pessoas consideram o resultado final de seu trabalho como valioso, especialmente quando estiver ligado a alguma forma de serviço aos outros, a alma e o comprometimento estarão igualmente presentes.

Terceiro, a alma é despertada quando se percorre o *Caminho da Destreza*, o que significa demonstrar uma intensa alegria em todos os momentos quando se está trabalhando. A habilidade se concentra no processo contínuo de aprendizado e domínio, que transforma até a tarefa mais árdua em numa atividade mental criativa. Algumas pessoas disseram que recobraram o ânimo ao se envolverem em atividades que traziam à tona os níveis mais elevados de talento e as tornavam conscientes de capacidades anteriormente desconhecidas.

Finalmente, existe o *Caminho da Comunidade*. As pessoas descobrem a alma quando sua ligação com os outros vai além das características de seu cargo, toca o coração e transcende a formação tradicional de equipes. Pelo Caminho da Comunidade, as pessoas juntam seus esforços para revelar o melhor que existe em cada uma. Como membros de uma comunidade, vemos nossas limitações mútuas sem censurar e apreciar as qualidades recíprocas sem exigências.

Trilhas, não estradas

Quando começamos a nossa jornada em direção à Alma da Empresa, esperávamos encontrar estradas que nos levassem ao nosso destino. Porém não existem estradas — rotas bem planejadas e bem definidas — para a Alma da Empresa. Elas são quase sempre abertas onde outrora havia trilhas. As trilhas, por sua vez, formam-se a partir das marcas deixadas por milhares de pés que caminham na mesma direção. Entre as empresas modernas e o despertar da Alma da Empresa não existe uma estrada construída pelo homem e pavimentada. Poucos foram longe o suficiente nessa busca, para nos indicar um caminho certo a seguir. Em vez disso, apenas alguns corajosos pioneiros fizeram tentativas de encontrar caminhos que induzem a uma exploração mais ampla.

Levar a alma ao trabalho é uma tarefa para pioneiros. Por isso, este livro não é um guia definitivo; ele não fornece uma prescrição. Simplesmente, queremos indicar a rota que leva aos caminhos que foram revelados a nós e aos nossos clientes, e estimular sua participação ativa no melhoramento desses caminhos, para que estradas possam ser abertas no futuro.

Embora seja impossível antever as curvas e os desvios específicos do caminho de cada pessoa e de cada empresa, esses quatro Caminhos para a Alma da Empresa oferecem uma estrutura útil aos dirigentes e às empresas para um importante questionamento a respeito da geração da alma e do compromisso no trabalho. Lao Tzu descreveu o processo de seguir caminhos que levam à alma quando disse: "Existem caminhos, mas o Grande Caminho não foi explorado."

Espere desvios

Trilhar os caminhos que conduzem à alma pode levar a muitos desvios e curvas aparentemente errados. Contudo, se estivermos prestando atenção, os próprios desvios se transformam no caminho. Quando John estava fazendo o curso de doutorado na Kent State University, em Ohio, ele pegava a mesma estrada todos os dias, para uma viagem de uma hora de sua casa até o campus. Era um caminho desinteressante, mas que lhe era familiar, rápido e fácil. Um dia, ele encontrou uma placa indicando que a estrada estava fechada. Havia obras em andamento e uma seqüência de sinais o levaram a um desvio, que seguia um traçado cheio de curvas e consumia mais tempo. Depois de cerca de oito quilômetros, a estrada fazia uma curva fechada. Ali, cintilando no esplendor do outono, havia um lago tranqüilo, que refletia as árvores à sua volta. John começou a fazer aquele caminho para o campus todos os dias. Ele observava o lago por meio dos sentidos — as cores do outono deram lugar a uma serena brancura gelada e, depois, ao verde brilhante da primavera. O desvio havia aberto uma nova rota que se transformou na sua estrada.

O mesmo tem acontecido com a nossa busca da alma no trabalho. Tomamos alguns desvios, encontramos trilhas fechadas para nós e às vezes nos perguntamos se chegaríamos ao nosso destino. Não fomos os únicos a descobrir que os caminhos mais improváveis nos levariam para casa, de uma maneira tão gratificante que jamais poderíamos ter planejado. À medida que passamos para a análise de cada um dos quatro caminhos, lembramos as palavras do poeta Antonio Machado: "Viajantes, não existe um caminho; os caminhos são abertos pelos passos dados."

Por mais ansiosa que uma pessoa esteja para iniciar a jornada, as tradições se referem repetidas vezes à necessidade de uma preparação. Há quase sempre uma experiência desagradável que precede a viagem. Por essa razão, antes de explorar os caminhos e descrever as ações que levam à Alma da Empresa, retornamos à discussão sobre o que os dirigentes podem fazer para terem certeza de que estão preparados para percorrer o caminho com sucesso.

EXERCÍCIO ·
REFLEXÃO: LINGUAGEM E NEGÓCIOS

Comece por reconhecer como as palavras e a linguagem que alguém usa afastam a alma. Uma combinação de palavras encontra-se abaixo. Com que freqüência essas palavras são usadas por você e pelas outras pessoas em sua empresa?

Atribua a cada palavra um dos seguintes valores

1 = raramente
2 = algumas vezes
3 = freqüentemente

— prestar contas
— ajustamento
— resultado final
— comunidade
— sensibilidade
— contribuição
— eficiência
— convívio familiar
— sentimento
— coração
— intuição
— satisfação
— amor
— lógica
— demissão

— perícia
— entusiasmo
— pessoas
— desempenho
— lucros
— objetivo
— responsabilidade
— retorno de investimentos
— assistência
— valores partilhados
— trabalho de equipe
— confiança
— valores
— vocação

O que significaria incluir algumas das palavras raramente ditas? Quais das palavras acima promovem o despertar da alma?

Exercício
A pergunta dos 150%

Pense num trabalho ou projeto em que você esteve envolvido e que fez aflorar 150% da sua energia — um período no qual se sentia totalmente empenhado no trabalho, achando que estava fazendo o melhor possível e satisfeito ao executar o trabalho que estava fazendo. O que fez com que os 150% viessem à tona?

Algumas perguntas, que o ajudarão na sua análise, estão listadas abaixo:

- Como essa experiência estava relacionada com seus valores/entusiasmo?
- Por que os resultados do trabalho eram importantes para você e a equipe?
- Que tipo de tarefa você executava?
- O que caracterizava o relacionamento interpessoal e a dinâmica de grupo?

Algumas maneiras de usar a pergunta dos 150%

- Mantenha essa pergunta em mente durante algumas semanas, identificando momentos-chave nos quais você foi capaz de estar totalmente envolvido no trabalho. Depois, tente determinar como poderá incluir mais alguns desses fatores em seu trabalho e emprego atuais.
- Utilize a pergunta com uma equipe. Partilhem suas respostas. Depois, identifique temas comuns ao grupo. Discuta como a equipe poderá incorporar mais daqueles fatores de 150% em seu trabalho atual.

3

Preparação para a Jornada

A ex-esposa de um amigo meu era obcecada por fazer listas e se preocupava extremamente, características que ele não apreciava. Sempre que planejavam viajar, ela fazia listas detalhadas dos preparativos para a viagem — roupas que deveriam ser colocadas nas malas, comunicações a serem feitas, coisas que tinham de ser providenciadas para que nada fosse esquecido ou deixado por fazer. Por mais que detestasse aquelas listas, ele confidenciava aos mais íntimos que os preparativos de sua esposa haviam sido úteis muitas vezes no correr dos anos.

As tradições de sabedoria com freqüência nos fazem lembrar a importância da preparação e a necessidade de purificar nosso mundo interior antes de introduzir mudanças no nosso mundo exterior. Jesus foi para o deserto antes de iniciar sua missão. Os hebreus do Velho Testamento vagaram pelo deserto durante quarenta anos, até chegar à terra prometida. Buda foi para a floresta e passou por muitas provações antes da noite na qual, ao sentar-se sob a árvore Bo, alcançou a plena iluminação. Os exemplos são constantes de tradição a tradição — até que a mente e o coração estejam preparados, a ação é prematura.

> Onde quer que você esteja,
> aí é o ponto de entrada.
>
> KABIR

Uma jornada bem-sucedida está baseada em uma preparação sábia e cuidadosa. No início da jornada e ao longo dos Caminhos para a Alma da Empresa, é útil refletir em como se preparar, tanto do ponto de vista pessoal, quanto da empresa. Certas atitudes e atributos devem ser cultivados desde o primeiro momento, para que os caminhos não se

> Com suficiente profundidade,
> a nascente irá abastecer
> adequadamente o rio.
>
> . . PROVÉRBIO ZEN

transformem em becos sem saída, mas, em vez disso, conduzam a um compromisso que possa representar o combustível para a renovação da empresa.

Tudo começa com a atenção

O primeiro estágio da preparação para a jornada é simples mas essencial. Ele é graciosamente ilustrado pela seguinte história zen.

Um dia, um homem se aproximou de Ikkyu e lhe pediu: "Mestre, por favor, escreva-me uma máxima que contenha a mais elevada sabedoria." Ikkyu pegou seu pincel e escreveu a palavra "atenção".

"Isto é tudo?", o homem perguntou. Ikkyu então escreveu: "Atenção, atenção."

"Bem", disse o homem, "eu realmente não vejo muita profundidade no que o senhor escreveu. Não existe alguma coisa mais?" Ikkyu escreveu a palavra uma terceira vez.

Frustrado, o homem quis saber: "O que 'atenção' significa afinal?"

Ikkyu respondeu: "Atenção significa atenção."

As empresas não têm prestado muita atenção à alma no ambiente de trabalho. Aquilo a que prestamos atenção se desenvolve. É de surpreender, pois, que a alma tenha definhado na maioria das empresas? De quantas empresas você ouviu falar que tenham uma estratégia anímica? Na maioria das empresas um executivo seria ridicularizado ao fazer uma sugestão desse tipo. Uma auto-análise honesta revelará que muitos de nós também não desenvolveram uma estratégia da alma para si mesmos. Contudo, sem um plano ou, pelo menos, uma prática consistente, é difícil manifestar qualquer desenvolvimento da alma significativo. Estratégias e práticas não surgem do nada. Elas exigem atenção.

É fácil "pensar" na alma. Mas pensar nela não é o mesmo que lhe dar atenção. Pensar na alma não envolve o nosso eu como um todo. Pensar na alma é estar entretido ou distraído das lutas diárias. Pensar na alma é uma maneira de proceder evasiva. "Vou pensar nisso", dizemos a nós mesmos e então esquecemos o assunto. Dar atenção à alma é mais desafiador e exige mais de nós; exige um empenho mais profundo e completo. Corredores que estão treinando para uma corrida dedicam sua atenção ao ato de correr de uma maneira que os transforma e prepara para a corrida. Aqueles que simplesmente pensam na corrida são atletas na teoria.

Nossa alegada importância da integração entre a alma e a espiritualidade ao trabalho estava em desarmonia com o nosso verdadeiro comportamento. Esse desequilíbrio não se baseava numa falta de reflexão sobre o assunto. Na verdade, falávamos tanto a respeito disso que nossas conversas se tornaram um substituto para o nosso empenho e para realização das mudanças profundas, necessárias para realmente iniciar o processo. Enquanto se preparam para explorar os Quatro Caminhos para a Alma da Empresa, parem e perguntem a si mesmos se estão prontos para passar da reflexão sobre a alma para a atenção que deverá dar a ela — investindo o tempo, os recursos e a energia que a alma exige para se manifestar. Nós mudamos da reflexão sobre a alma de nosso trabalho para a verdadeira atenção no correr dos últimos anos.

Torne-se a pessoa certa: elimine a tendência mental para o papel de vítima

Temos observado um curioso fenômeno em nossos seminários e trabalho de consultoria durante a última década. Embora tenhamos realizado reuniões das quais participam literalmente centenas de grupos, as pessoas certas sequer estiveram presentes uma vez. Nas reuniões com funcionários da linha de produção, estes declaram: "Isto é ótimo; se os gerentes pudessem ouvi-lo, conseguiríamos algo." Quando falamos a executivos, eles dizem: "O pessoal de médio escalão não recebe essas informações; nós, sim." Os funcionários de médio escalão lamentam os que estão acima e abaixo deles. Quem são as pessoas certas?

Além do que foi dito, preparar-se para a jornada da alma significa assumir a responsabilidade pelo despertar da própria alma e pela criação de um ambiente que faz a alma dos colegas de trabalho se manifestar. Na tradição zen, afirma-se: "Onde você estiver, você é o mestre." Mestre é aquele que percebe que a única maneira de influenciar o futuro é se tornar a "pessoa certa" no momento presente. Dessa conscientização vem a ação de liderança em que a alma está presente. Ser esse tipo de mestre é reconhecer-se como a "pessoa certa", a pessoa que escolhe criar algo de valor em vez de esperar que os outros tomem a iniciativa. Ser mestre não significa que as pessoas de repente irão adequar-se às normas e começar a cumprir as suas ordens. Significa que a pessoa pára de esperar que um milagre aconteça e, ao contrário, decide ir em frente e criar as condições que despertam a alma. Tornar-se mestre é se inspirar por seus valores íntimos e praticar ações que se ajustem a esses valores. Em contraste com isso, a espera passiva é terreno fértil para o ressentimento e o pessimismo. Ela produz uma inversão derrotista da afirmação zen: "Onde quer que eu esteja, sou uma vítima."

A ineficácia é um estado mental que pode afetar qualquer nível da hierarquia empresarial. O presidente de uma das maiores companhias internacionais na área da saúde afirmou, logo depois de ter sido nomeado para o cargo: "As pessoas pensam que eu disponho de botões mágicos no meu escritório. Eu gostaria de, apenas uma vez, encontrar um desses botões, e que, quando eu o apertasse, alguma coisa acontecesse!" A ineficácia nos desvia da decisão de ser a "pessoa certa" e nos concentra no que os outros estão fazendo.

A revista *Time* publicou um artigo de capa em que descrevia a "mentalidade de vítima que permeia os Estados Unidos". Com essa predisposição mental, tudo o que acontece de errado é por culpa de outra pessoa. Essa atitude tem um elo familiar no mundo empresarial, onde numerosas pessoas, mesmo as que ocupam as posições mais elevadas na hierarquia das empresas, acreditam que alguém mais deveria dar o primeiro passo para que a alma se manifeste no âmbito da empresa.

Durante os seminários, geralmente perguntamos às pessoas como elas sabem que estão presas na armadilha de vítimas. Elas nos respondem que é quando começam a dizer coisas como: "Nós não fizemos isto", "Não é culpa nossa", "Foi por causa deles...", "Se eles mudassem..."

Despertar a Alma da Empresa é uma atividade que exige participação total. Pergunte a si mesmo se está abordando a jornada em direção à Alma da Empresa como mestre ou como vítima. Você começou a pensar no que poderá fazer para despertar a alma em sua própria carreira e na empresa como um todo? Ou você está tendo idéias que requerem a permissão de outras pessoas para serem implementadas?

A responsabilidade pessoal é essencial para que as verdadeiras mudanças sejam feitas. Vítimas nada fazem, mas sentem-se coagidas pelas mudanças iniciadas por outras pessoas. Infelizmente, as hierarquias das empresas criaram uma mentalidade de obediência demasiadamente passiva para lidar com as mudanças fundamentais que são exigidas em momentos de rápida transição. Reconhecer essa passividade costumeira em nós mesmos e nos outros faz parte da preparação para a jornada. Portanto, escolher uma nova atitude, uma nova crença — "Onde eu estiver, eu sou o mestre" — estimula a ação.

Ajudar as pessoas a assumir a responsabilidade pela alma no trabalho

Os líderes podem ajudar as pessoas a assumir a responsabilidade de diversas maneiras. Uma das mais simples é fazer com que as pessoas saibam quando elas estão começando a assumir um comportamento ou a utilizar uma linguagem de vítima. Refletindo sobre o que alguém vê e ouve, sem atribuir-lhe culpa e de um modo compassivo, os dirigentes podem ajudar os outros a determinar a própria responsabilidade.

Uma consultora, nossa colega, Linda, estava trabalhando com gerentes em uma instituição de utilidade pública, a respeito de estratégias de mudanças administrativas. "Nada irá mudar", disse um gerente que estava na empresa há cerca de doze anos. Durante toda a manhã repetira sua conclusão de que nada poderia ou iria mudar. Ele também havia mencionado, quando se apresentara ao grupo, que nos últimos anos ele e sua esposa tinham cuidado de muitas crianças carentes.

No primeiro intervalo, Linda dirigiu-se diretamente ao gerente e iniciou uma conversa a respeito de sua experiência como pai adotivo. Ela perguntou se as crianças o procuravam com um sentimento de esperança.

"Não", ele respondeu, "elas já desistiram. Por isso, a primeira coisa que você deve fazer é ajudá-las a ver que as coisas podem ser diferentes e que sua participação é importante para que tudo seja diferente."

Linda mostrou-lhe que o mesmo acontecia no que dizia respeito à sua empresa. Embora houvesse razão para o ceticismo, mudanças não seriam possíveis até que a esperança estivesse presente. A Alma da Empresa não é facilmente adquirida. Uma compreensão de comprometimento consciente é resultado de anos de concentração e atenção. Fazer com que todas as pessoas dentro de uma empresa revelem-se dispostas a olhar para dentro de si mesmas, libertem-se de hábitos obsoletos e investiguem abertamente novas opções não pode ser conseguido num seminário de dois dias. O despertar da alma é um comprometimento a longo prazo.

Acostumar-se com perguntas a respeito da alma

O poder de uma pergunta bem-elaborada, com a finalidade de fazer nosso interior se manifestar está sempre presente nas tradições de sabedoria. A pergunta correta no momento correto pode atuar como um catalisador espiritual. Perguntas tornam-se uma passagem que nos leva a novos domínios de escolha anteriormente não considerados. Na tradição zen, o uso dessas perguntas instigadoras e reveladoras da alma — chamadas *koans* — desenvolveu-se como um tipo de arte. Utilizados como parte do treinamento zen, esses *koans*, com freqüência propostos por meio de frases enigmáticas, agem como catalisadores para dar início à eliminação de obstáculos para pensar, perceber e agir.

Um exemplo bastante conhecido de um *koan* pergunta: "Qual é o som de uma mão batendo palmas?" Por meio da concentração e da meditação, o estudante zen procura penetrar na natureza aparentemente insolúvel da questão. Pensar no *koan* é inútil, pois ele é um instrumento espiritual e não um quebra-cabeça intelectual. O estudante zen não se debate tanto com o *koan* quanto com sua mente e com sua vida. Pela aplicação total da atenção, o discípulo obtém a "resposta" ao *koan* e, ao fazê-lo, soluciona o enigma de sua própria vida.

Os *koans* não são reservados aos seguidores do zen. Cada um de nós tem questões cruciantes sobre a vida e o trabalho que parecem, superficialmente, impossíveis de serem respondidas. Chamamos a essas perguntas de *koans* pessoais. Exemplos de *koans* pessoais incluem: "Como posso dar maior significado ao meu trabalho?" "É isso que me foi destinado fazer?" "Há lugar para a alma neste local de trabalho?" Respostas intelectuais a *koans* pessoais nada têm que ver com o assunto. O objetivo dessas perguntas é nos colocar face a face com a nossa vida e o nosso trabalho. Nossos *koans* pessoais atuam como espelhos nos quais podemos observar se tornamos a nossa vida e o nosso trabalho receptivos à alma que está em nosso interior.

Um dos aspectos mais importantes da preparação para a jornada em busca da Alma da Empresa é a identificação dos *koans* pessoais de alguém. É necessário enfatizar que você já tem um ou mais desses *koans*. Você irá ouvir essas perguntas íntimas e fundamentais repetidamente. Algumas dessas perguntas aparecem nos intervalos de duas atividades — durante a volta para casa ou enquanto espera a porta do elevador abrir. Muitos defrontam-se com essas perguntas quando acordam no meio da noite. Tente prestar atenção no que diz enquanto conversa com um amigo íntimo ou quando sua mente medita a respeito de uma mudança lenta. Ouça o seu diálogo interior depois de um dia ou de uma reunião particularmente frustrante. Se prestar atenção a seus pensamentos durante alguns dias, você irá ouvir o murmúrio dessas perguntas fundamentais e profundamente emocionais.

Responder a um *koan* pessoal é uma manifestação de vida, não de pensamento. Quando perguntaram a Gandhi: "Qual é a sua mensagem?", ele respondeu: "Minha vida é a minha mensagem." O modo como vivemos e trabalhamos é a expressão de nossa alma. Enunciar honestamente um *koan* pessoal significa viver ativamente com uma pergunta cruciante no trabalho e na rotina diária. Responder a um *koan* pessoal é uma manifestação de coragem. Pois a resposta a uma pergunta que pode transformar a vida significa transformar a vida de alguém.

Nessa preparação para despertar a alma no trabalho, John identificou três *koans* pessoais a serem usados diariamente:

1. O que desperta meu entusiasmo e meu comprometimento no trabalho de hoje?
2. Como posso dar mais alma a este momento?
3. Qual o legado que gostaria de deixar em relação às minhas atuais funções?

John fez a primeira pergunta na manhã em que revia seus compromissos diários e a lista de coisas a serem feitas. Tendo o *koan* pessoal como filtro, ele pôde vincular a realização de suas tarefas diárias ao despertar de sua alma. Atender às responsabilidades exteriores e, ao mesmo tempo, cumprir suas metas interiores tornou-se um processo único. Ao usar a primeira pergunta, John tornou-se capaz de redirecionar a atenção, afastando-a da tirania das coisas urgentes, para aquilo que era realmente valioso.

O segundo *koan* foi usado no correr do dia, sempre que parecesse adequado. Essa pergunta tornou-se importante para nós dois, pela maneira como mudava a nossa visão de situações freqüentemente difíceis. Descobrimos que quando ficávamos presos a pontos de vista diferentes ou andávamos em círculos em uma conversa, se nos perguntássemos como poderíamos "dar mais alma a este momento", tínhamos a impressão de nos libertar, de uma maneira mágica, da confusão emocional que estava se criando. Depois, com uma nova perspectiva interior, conseguíamos analisar a questão ou a pessoa de uma maneira mais construtiva.

O terceiro *koan* era usado sempre que uma função num projeto ou num compromisso de trabalho começava a oprimir a alma. Em vez de nos tornarmos vítimas das pressões do trabalho, utilizando essa pergunta podíamos descobrir como dar mais valor e significado a um processo laborioso.

Koans *empresariais*

Os *koans* não são apenas pessoais. Grupos, equipes e organizações têm suas próprias questões cruciais e potencialmente transformadoras. Nós as chamamos de *koans* das empresas. São perguntas que precisam ser dirigidas a todos os participantes se uma empresa quiser atingir novos níveis de serviço, desempenho e espírito comunitário. Mais do que no caso de *koans* pessoais, poderá haver um grande receio quanto à verbalização dessas perguntas. Elas parecem muito fortes, muito difíceis, para serem colocadas na mesa. Geralmente, esses *koans* só são enunciados por trás de portas fechadas. Contudo, quando são criados e compreendidos, os *koans* das empresas concentram a atenção coletiva e catalisam a ação coletiva.

Há necessidade de uma enorme energia mental, emocional e espiritual para transformar uma organização. Descobrir e enunciar as perguntas corretas é uma maneira refinada de pôr em movimento a montanha empresarial. É dessa forma que os líderes podem inspirar níveis mais profundos de percepção e transformar a organização. Não por meio de pronunciamentos grandiloqüentes, mas simplesmente fazendo perguntas significativas. Quando a atenção de uma organização está dirigida a uma pergunta decisiva, começa a se transformar. Quais são os *koans* das empresas que você gostaria que estivessem na mente das pessoas em sua empresa?

Exemplos de *koans* empresariais incluem os seguintes, mas certamente não estão limitados a eles:

- O que gera significado e espírito comunitário na nossa empresa?
- Como essa reunião ou projeto pode ser uma expressão de nossos objetivos mais elevados?

- O que seria útil neste exato momento?
- Como esta conversa poderia ser mais aberta, clara ou autêntica?
- Qual é a nossa maior responsabilidade como uma equipe ou organização?

Anos atrás, assistimos a uma palestra sobre os estágios do ciclo de vida humano. Ao discutir a meia-idade, o orador disse: "Não importa muito a maneira como você responde às perguntas sobre a meia-idade; é a pergunta que é essencial!"

O mesmo pode ser dito dos *koans* pessoais e das empresas. Até que eles sejam enunciados, as respostas não serão dadas.

Falar a verdade

A disposição para falar a verdade e o desejo de criar um clima no qual a verdade possa ser dita, são essenciais para despertar a Alma da Empresa. Para muitas pessoas, o aspecto que mais as desanima na vida da organização é a completa falta de sinceridade que ocorre entre suas paredes. É fácil lembrar de momentos nos quais você tinha algo a dizer mas calou-se ou quando queria dizer alguma coisa com muito maior honestidade do que a demonstrada nas palavras que saíram de sua boca. Você já observou o mesmo com relação a outras pessoas. A decisão de dizer a verdade e permitir que os outros também o façam é pré-requisito do total comprometimento no local de trabalho.

As tradições espirituais estão cheias de histórias que mostram a necessidade de falarmos a verdade. Uma de nossas favoritas é a do filho pródigo, encontrada no Novo Testamento. Nessa história, um jovem rico deseja sair de casa e explorar seus próprios caminhos na vida. Pede ao pai um adiantamento de sua herança e parte sozinho em busca de sua própria vida. Depois de dissipar sua fortuna de maneira frívola, se vê reduzido a cuidar de porcos na fazenda de um outro homem, em troca de um pagamento irrisório.

Metaforicamente, essa história reflete a experiência de muitas pessoas no trabalho. Elas ingressam no mundo profissional buscando explorar e descobrir seu próprio caminho. Em vez disso, percebem que seus recursos — criatividade, interesse, entusiasmo, idealismo — foram desperdiçados. Ou talvez descubram-se num ambiente de trabalho sufocante para a alma, onde o compromisso e o propósito nunca se elevam acima da falta de entusiasmo. Podem até se queixar de uma situação que representa um estado de inanição para a alma, mas queixar-se não é o mesmo que dizer a verdade. Algumas poderão até mesmo mentir para si mesmas, fingindo que nada mais desejam ou esperam do trabalho. Muitas pessoas passam anos vivendo nesse estado.

Na história do filho pródigo há um momento de despertar, no qual o rapaz reflete: "Não têm, até mesmo os servos de meu pai, uma comida melhor do que esta?" Fazer esta pergunta foi um ato de falar a verdade. Antes disso, o jovem podia tê-la percebido, mas não a havia articulado. A verdade não-expressa não tem poder para gerar uma ação. Ao falar a verdade, o filho pródigo é impelido para o caminho que o levaria de volta para casa. A história gira em torno desse ponto central — até que admitamos para nós mesmos que queremos mais, mas não é possível.

Geralmente, a conseqüência de falar a verdade abertamente para si mesmo, sem mencionar outras pessoas, é simplesmente muito ameaçadora. Janet, antiga vice-presidente de um grande banco, nos disse, lembrando o passado: "Durante anos, eu sabia que a minha alma estava morrendo, mas admitir isso para mim mesma e deixar a segurança de meu cargo, conseguido com tanto esforço, estava além do que eu conseguia fazer!" Falar a verdade possibilita uma mudança.

O poder da empresa que fala a verdade

No ambiente da empresa, o entendimento convencional baseia-se na crença de que dizer a verdade é uma maneira segura de mergulhar em águas profundas, e que as conseqüências políticas de se desafiar o *status quo* serão o desabamento das paredes da organização sobre a pessoa que se fez ouvir. Certamente, isso acontece, porém com maior freqüência quando as pessoas falam a verdade, elas estão expressando os pensamentos e os sentimentos de outras pessoas dentro da organização. Sua coragem pessoal de falar abre as portas para as outras. A atitude de uma pessoa pode dar início a um modo de agir coletivo.

Donna, uma gerente do escalão médio numa empresa de biotecnologia, usou de franqueza durante um encontro de gerentes. Ela declarou que a empresa tinha se transformado num deserto. "Toda a percepção de objetivo, energia e comprometimento haviam se exaurido dentro da empresa", Donna disse, embora temesse ser punida. Ela falou abertamente diante da platéia, sem saber se seus colegas, que no íntimo concordavam com ela, iriam apoiá-la. "Pensei que poderia acabar sendo uma voz clamando no deserto, um pouco antes de ser executada", ela confessou. Porém suas palavras encontraram ressonância. Outras vozes, de colegas e superiores, elevaram-se em coro, juntando-se à sua. A partir de suas palavras, teve início um processo de renovação que durou um ano.

Uma funcionária que ocupava uma importante posição na indústria de semicondutores enunciou sua verdade durante um encontro que havia degenerado num ritual de infindáveis críticas contra a empresa por parte de seus colegas, que se colocavam na posição de vítimas. Em um momento de exasperação, ela ousou dizer: "Sim, problemas existem e, como se eles não fossem suficientes, tenho de vir aqui todos os dias e ouvir vocês se queixarem o tempo todo!" Palavras fortes, mas elas serenaram os ânimos e possibilitaram que os outros admitissem sua própria frustração com aquilo que uma das pessoas chamou de "queixas e lamentos diários".

Queixar-se das condições é uma maneira distorcida de dizer a verdade. Isso esclarece os problemas, mas consome toda a energia que seria usada para as mudanças. As queixas revelam apenas a verdade da vítima: "As coisas vão mal e não há nada que eu possa fazer", o que é uma perspectiva inútil e destrutiva da vida e do trabalho. A verdade que não catalisa uma ação produtiva não é uma verdade anímica. Dizer a verdade de forma a despertar a alma traz à tona a energia da mudança.

No ambiente da empresa, dizer a verdade irá, algumas vezes, fazer com que uma pessoa seja rotulada de rebelde, descontente, de soldado desleal. Mesmo assim, é difícil imaginar a alma emergindo para a maioria de nós sem que um certo grau de verdade seja dito ao longo do caminho. A liderança exige coragem para criar um ambiente que permita, e até encoraje, a verdade. Essa sinceridade poderá, a princípio, ser perturbadora, porém a alma não se manifesta sem essa tensão criativa.

A liderança exige coragem para se criar um ambiente em que haja espaço para a verdade e esta seja até mesmo encorajada. O presidente executivo de uma nova organização que empregava 18 mil pessoas havia solicitado uma reunião fora da empresa com seus cem principais gerentes. Nosso papel era facilitar o processo, o qual incluía a análise dos doze meses anteriores, correspondentes à fase inicial da criação da empresa. Como era de se esperar, a empresa estava passando por um período caótico. As pessoas trabalhavam durante muitas horas, sacrificando suas noites e fins de semana — para assegurar o nascimento da nova empresa. O mantra nos lábios de todos, era: "Não tenho vida própria e estou perdendo a minha família!"

O que diz um líder numa situação como essa? O presidente executivo levantou-se e falou com o coração. "Precisamos nos afastar dos tipos de atividade por nós estabelecidos", ele disse aos gerentes. "Não quero perpetuar um ambiente onde nossas vidas particulares são sacrificadas para atender aos objetivos da empresa." Ele se referiu ao seu desejo de criar uma empresa que respeitasse a necessidade de equilíbrio e não apenas de resultados. "Contudo, o fato de eu dizer isso não é suficiente. Cada um de nós deve estar disposto a rechaçar as exigências quando estas ficarem fora de controle. Temos de estar dispostos a falar dos modos pelos quais estamos sacrificando a nós mesmos e dizer a verdade sobre o que está acontecendo conosco. Só então poderemos iniciar o processo de mudança."

Essa sinceridade poderá ser assustadora a princípio, mas a alma não irá despertar sem a presença desafiadora da verdade.

A saída do deserto

É tentador, nestes dias de receitas rápidas e de "dez passos fáceis", tentar iniciar a jornada em direção à Alma da Empresa sem estar preparado. Os Quatro Caminhos que se seguem poderão despertar a Alma da Empresa, mas só em empresas e entre líderes que tenham as quatro qualidades essenciais dos viajantes cuja alma está manifesta:

1. Dar atenção à alma e não apenas pensar nela
2. Assumir responsabilidade pessoal pela renovação, abandonando a "atitude" de vítima
3. Viver as perguntas verdadeiras (*koans* pessoais e das empresas)
4. Falar e ouvir a verdade

Essa preparação é fundamental para criar o tipo de empresa que poderá alcançar o sucesso em tempos de turbulência. Um provérbio chinês aconselha: "Espere um longo tempo, ataque rapidamente." É investindo tempo na preparação que tornamos possível concluir a nossa jornada.

EXERCÍCIO:
PREPARAÇÃO PARA A JORNADA

Atenção e reflexão

1. Quanta atenção você dá para promover o desenvolvimento da alma em seu próprio trabalho? (A atenção se refere ao tempo gasto com deliberação e ação.)
2. E quanto à sua empresa?
3. O que você poderia fazer imediatamente para dar mais atenção ao desenvolvimento da alma em sua empresa?

Dizer a verdade

1. Como você está se saindo no que se refere a dizer a verdade a si mesmo e aos outros sobre o seu trabalho e seu local de trabalho?
2. Você criou uma empresa onde a verdade pode ser dita?
3. O que poderia ser feito para encorajar o produtivo falar a verdade na sua empresa?

Assumir a responsabilidade — tornar-se a pessoa certa

1. Como você está se saindo em relação à tarefa de assumir a responsabilidade pela criação da alma e do comprometimento em seu próprio trabalho?
2. Você se vê no papel de vítima em relação ao seu trabalho ou em relação à sua empresa? Em caso positivo, como pode começar a romper com esse padrão?
3. Sua empresa é impregnada por uma mentalidade de vítima?

Exercício:
Quais são os seus koans pessoais?

A identificação de seus *koans* pessoais proporciona um foco que transfere a atenção de uma pessoa do superficial para o essencial. *Koans* pessoais são guias transformadores que nos conduzem ao longo do Caminho da Alma da Empresa. Que perguntas você gostaria de fazer a respeito do seu trabalho ou do seu local de trabalho? Anote-as. Se algumas delas lhe parecerem triviais, não critique a si mesmo. A maioria das perguntas mais profundas já foram feitas milhares de vezes anteriormente. Isso não as desqualifica como pessoalmente relevantes.

EXERCÍCIO: UMA VERDADE QUE VOCÊ DEVE DIZER

Qual é a verdade que você deve dizer a si mesmo a respeito de seu trabalho ou do seu local de trabalho atuais?

Qual a implicação (ou implicações) dessa verdade para você, pessoalmente? Quais são as coisas que, segundo ela, você deveria ter feito? Discutido com outras pessoas? Planejado?

Identifique uma verdade que deve ser dita dentro da sua empresa.

A quem você poderá dizê-la com segurança?

Que desafio será maior para uma pessoa: dizer essa verdade, ou ouvi-la?

Qual é a conversa que você pretende iniciar num futuro próximo? (Estabeleça um prazo para si mesmo.)

4

O Caminho do Eu

Por que o Envolvimento Pessoal é Decisivo

No álbum de fotografias de Eric, há uma foto dele correndo ao redor do *playground* do Central Park de Nova York vestindo roupas típicas de *cowboy* — camisa vermelha com botões cor de marfim, lenço colorido, chapéu de abas largas, calças *jeans*, botas, cinto com fivela de metal trabalhada, coldre, revólver e uma coisa que dava unidade a tudo aquilo — a chaparreira. A imagem perfeita de um *cowboy*. E, no íntimo da criança com 5 anos de idade, um verdadeiro *cowboy*.

Em cada estágio da vida, a pergunta: "Quem sou eu?" se repete. E em cada estágio da vida tentamos respondê-la. Durante a infância, existe uma grande liberdade de resposta; numa única hora, uma criança responde a essa pergunta essencial uma dezena de vezes, transformando-se de cozinheiro em super-herói, numa águia. Como adolescentes, nossa resposta ganha mais intensidade — cada expressão corporal, cada corte de cabelo (ou a cabeça raspada) expressa a identidade do jovem. Como adulto, o questionamento da identidade permanece, mas com freqüência em segundo plano. As exigências da vida diária, a pressão exercida pelos limites de tem-

> O ser humano tem muitas peles dentro de si, que revestem as profundezas do seu coração. Conhecemos tantas coisas, mas não conhecemos a nós mesmos.
>
> MEISTER ECKHART

> Se você puser para fora o que está dentro de você, aquilo que traz à tona irá salvá-lo. Se você não puser para fora o que está dentro de você, o que não vem à superfície irá destruí-lo.
>
> EVANGELHO DE SÃO TOMÉ

po, e o coro clamoroso das responsabilidades geralmente sufocam qualquer questionamento interior. Porém o problema persiste, manifestando-se para muitos sob a forma de uma correção de curso na meia-idade, cujo objetivo é evitar a morte do eu interior antes que seja tarde. Como no caso de um tratamento médico radical, as ocorrências dessas crises têm seus próprios efeitos colaterais, que são muitas vezes traumáticos.

Ao entrevistar pessoas a respeito da alma no trabalho, o primeiro dos quatro caminhos que se tornava evidente era o *Caminho do Eu*. Descobrimos que, quando as pessoas conhecem suas próprias paixões, quando o seu trabalho é uma decorrência dessa paixão e que quando seus valores pessoais estão presentes no seu trabalho — a energia flui e o comprometimento cresce.

Espelho, espelho meu

A cada manhã, quando olhamos no espelho, quer estejamos conscientes disso, quer não, há uma parte de nós que pergunta: "Quem sou eu? Realmente gosto do trabalho que irei fazer hoje, ou estarei cumprindo cegamente o que outras pessoas programaram? Poderei ser eu mesmo no trabalho hoje ou terei de usar uma máscara e representar para meus colegas e clientes?"

Embora a expressão "mudar a aparência" normalmente se refira a cosméticos, o fato é que todos nós nos preparamos para enfrentar o mundo. Não se trata de uma questão de maquiagem, mas de orientação interior. O tempo que passamos em frente ao espelho diz respeito tanto ao reconhecimento de nós mesmos quanto à preparação da face que iremos apresentar ao mundo. O batom mais cintilante tanto pode relevar quanto ocultar.

Quem é esse homem mascarado?

No antigo teatro grego, todos os personagens eram reconhecidos pela máscara que usavam. A máscara revelava a *persona* do personagem — seu papel na peça teatral. A máscara constituía a identidade do personagem. Hoje, o termo *persona* ainda significa máscara, porém assumiu a conotação de "mascarar", no sentido de ocultar ou disfarçar em vez de apontar para algo autêntico. O termo *persona* refere-se atualmente com mais freqüência a um eu socialmente criado, adaptado às exigências do mundo exterior e não ao eu mais profundo e autêntico que sentimos como sendo a nossa essência.

Isso suscita uma pergunta para os que irão despertar a Alma da Empresa: Podemos permanecer competitivos com uma organização de *personas*? Uma força de trabalho baseada em *personas* pode gerar o comprometimento ou a criatividade exigidos para se preservar a participação no mercado, numa economia submetida a fortes pressões como a de hoje?

Quando se enfrenta o prazo-limite de um projeto, uma crise num departamento, uma ameaça de um novo competidor ou uma questão orçamentária problemática, a pergunta "Quem sou eu?" poderá parecer mais adequada à lanchonete de um campus universitário do que aos corredores de uma empresa. Quando se usa o "chapéu" de dirigente, pode-se questionar se essa pergunta tem alguma relevância para a necessidade da empresa de ser competitiva e lucrativa. "Não tenho tempo para ficar pensando em coisas menos relevantes" é a nossa resposta pragmática. Contudo, se quisermos despertar a Alma da Empresa e infundir na nossa vida de trabalho uma energia humana, profunda e revigoradora, não existe outra maneira de começar senão com a busca do eu autêntico, a essência interior que Meister Eckhart chamava de a centelha divina em nosso íntimo.

Num seminário dedicado a profissionais de vendas, uma mulher levantou-se e contou a sua história. Ela disse ao grupo: "Ser vendedora nunca foi o meu sonho. Eu queria ser professora. Vendas eram a paixão da minha irmã." Dezessete anos depois, ela se sentia desanimada, incapaz de demonstrar entusiasmo por um trabalho para o qual não tinha inclinação. Sua centelha interior estava se extinguindo.

Imagine uma empresa inteira com pessoas que estão vivendo a paixão de outras pessoas. Imagine uma empresa onde poucos sabem que tipo de trabalho faz surgir o seu compromisso mais pleno. Depois, imagine o contrário. Onde você gostaria de trabalhar? Que ambiente atrairia pessoas com as quais você deseja trabalhar? Em que tipo de companhia haveria energia e comprometimento?

Empresas e dirigentes devem estar interessados em despertar a pessoa por trás da máscara e em ajudá-la a recuperar sua verdadeira paixão. Uma empresa cheia de pessoas que trabalham de acordo com as paixões alheias não consegue manter o auge de seu desempenho. Mais ainda, a coragem para explorar a harmonia entre o Eu superior ou alma e o trabalho é pré-requisito para uma Alma da Empresa desperta.

Em nossas entrevistas relacionadas com a alma no trabalho, as pessoas afirmam empenhar-se mais quando seu trabalho é uma expressão verdadeira daquilo que elas são — de seus eus interiores, uma expressão de seus valores e visão pessoal. Para aqueles que buscam a Alma da Empresa, as perguntas, a cada manhã, continuam sendo: Estou levando o meu verdadeiro eu para o trabalho ou apenas a minha *persona*? Enquanto trabalho, estou em contato com a Alma ou com a Máscara da Empresa?

Ao seguir o Caminho do Eu, as pessoas se tornam conscientes de sua própria paixão e acessam seus valores mais profundos. Embora esse Caminho seja, por definição, pessoal, os líderes têm um papel no desenvolvimento de um tipo de clima na empresa que estimula a autodescoberta e faz com que as pessoas usem suas energias mais profundas no trabalho. Os líderes podem ajudar a despertar o comprometimento ou podem reforçar o nível superficial de envolvimento que a *persona* pode oferecer.

A *retirada das máscaras no trabalho*

Uma história hassídica tem como tema as máscaras e o eu. Ela conta que na cidade de Minsk, na Europa Oriental, morava um famoso alfaiate chamado Rubleman. Os ternos que fazia eram não apenas de excelente qualidade, mas também muito caros. Eram o símbolo do sucesso criado por um alfaiate. Na mesma cidade, morava Stern, um jovem cuja vida era caracterizada por dificuldades. Nada parecia dar certo para Stern e, por isso, ele decidiu deixar Minsk e tentar a sorte em outros lugares.

Muitos anos depois, Stern se tornou um homem bastante próspero. Ele resolveu voltar a Minsk e comprar um terno feito por Rubleman, para que pudesse exibir sua riqueza aos antigos vizinhos. Chegando em Minsk, foi à loja do grande alfaiate e pediu-lhe a melhor roupa que o dinheiro pudesse comprar. Rubleman lhe trouxe um terno do mais fino tecido. A cor e a textura eram extraordinários. Infelizmente, quando Stern o experimentou, percebeu que uma manga era longa demais, uma perna curta demais e os ombros tinham sido talhados segundo um padrão estranho e assimétrico.

"Não se preocupe", disse o alfaiate. "Simplesmente curve-se para a frente; assim." Ele orientou Stern, fazendo-o se contorcer e assumir uma posição canhestra — meio curvado para a frente, apoiando-se na ponta de um dos pés e com um dos braços dobrado em ângulo reto. Os ombros de Stern, embora doessem devido à posição que ele mantinha, adaptavam-se perfeitamente ao corte assimétrico do terno. Recuando um pouco para examinar os resultados de seus ajustes, Rubleman sorriu. Stern pagou o terno e saiu mancando da alfaiataria, enquanto procurava manter a postura forçada. Ao caminhar pela rua, duas senhoras pararam para observá-lo. "Pobre homem!", disse uma delas.

"Sim, mas veja como o terno lhe cai bem", comentou a outra.

Esta história ilustra de forma humorística o dilema de muitas pessoas nas empresas modernas. Nós nos curvamos e nos contorcemos para nos adequar aos parâmetros do "terno", ao mesmo tempo que ignoramos as exigências mais naturais da nossa natureza. Na tentativa de alcançar o sucesso dentro da estrutura da empresa, quase sempre nos afastamos de nossa postura natural. Encontramos uma maneira de fazer com que a roupa externa nos caia bem, mas geralmente à custa da centelha interior. Uma vez que nos sentimos desconfortáveis e grande parte de nossa energia é consumida na manutenção da postura contorcida, perdemos contato com muitos de nossos desejos e capacidades naturais. A energia que poderia ser canalizada criativamente, é empregada para manter uma posição.

Trilhar o Caminho do Eu significa perguntar a nós mesmos: Em que circunstâncias estou usando um terno Rubleman? Em que situação de trabalho, relacionamento profissional, e assim por diante, curvei-me de uma maneira que é fundamentalmente desconfortável e antinatural? Qual é o preço dessa contorção para mim e para a empresa?

Ramana Maharishi, uma das pessoas mais virtuosas da Índia moderna, ensinava a todos os que o procuravam em busca de orientação a importância de se aprofundar na pergunta: "Quem sou eu?" Se realmente penetrarmos nessa questão, prometia ele, todas as ilusões, todas as máscaras cairão por terra. Essa simples pergunta é a fagulha que reacende o verdadeiro comprometimento. As pessoas que encontraram tempo para investigar sua real identidade descobriram um caminho de investigação que as afasta do pensamento ultraconservador e as conduz a uma fonte sustentável de criatividade e comprometimento.

Os primeiros passos na direção da Alma da Empresa são empregados proveitosamente por fornecerem tempo, espaço e legitimidade às indagações fundamentais que foram deixadas para trás na corrida de alta velocidade em busca daquilo que a maioria de nós chamamos de trabalho. Esse caminho se inicia com a pergunta: "Quem sou eu?" De fato, quando conscientemente começamos a trilhar o Caminho do Eu, o contraste entre a nossa natureza básica, interior e o terno Rubleman que usamos todos os dias pode ser quase cômico (ou trágico, dependendo de nossa perspectiva).

Envolvimento com as indagações da alma

O Caminho do Eu não é um quebra-cabeças intelectual. "Quem sou eu?" não é uma pergunta que faz parte de algum teste cósmico via satélite. À medida que nossa busca do eu se tornar um exercício mental, nossa alma permanecerá fora de alcance. Como acontece com todas as questões realmente espirituais, "Quem sou eu?" exige uma resposta categórica. Essa pergunta geralmente se faz conhecida sob a forma de condições de vida que nos forçam a avaliar se estamos manifestando ou distorcendo os nossos valores mais profundos.

Vejam como Eric, um mestre de yoga e professor de meditação, conseguiu resolver a dicotomia existente entre seus valores espirituais e seu emprego numa das maiores empreiteiras do setor de defesa do país. Alguém poderia questionar: Ele deveria, de algum modo, ter trabalhado lá? Para Eric, não havia respostas fáceis para essa pergunta. Como yogue, pai, marido e consultor administrativo, Eric descobriu-se tentando equilibrar muitas forças. Suas responsabilidades financeiras, aspirações profissionais e sonhos espirituais competiam em busca de sua atenção integral. Tomada individualmente, cada uma dessas forças representava um aspecto útil e positivo da natureza de Eric. Porém, quando analisados em conjunto, esses aspectos não se combinavam harmoniosamente. Ele sentia-se traumatizado entre as legítimas, embora conflitantes, tendências da vida.

Apreensões desse tipo dificilmente são propriedade exclusiva dos yogues, sacerdotes ou pessoas que praticam meditação. Para muitos, a alma se faz conhecer sob a forma de escolhas antagônicas e aparentemente sem solução — o equilíbrio precário entre trabalho e família, a tensão entre manter-se ocupado e cuidar da própria saúde, a dúvida entre a segurança e a aventura.

Pode parecer estranho que a alma se manifeste em meio às tensões. Existe uma romântica esperança de que seguir o Caminho do Eu corresponde a momentos sucessivos de bem-aventurança. Tendo escolhido despertar nossa alma, esperamos que a iluminação nos chegue numa grande limusine — as bebidas estão geladas e a música está tocando enquanto prosseguimos para o nosso destino perfeito recostados em almofadas de ar. Em completo contraste com essa fantasia, o verdadeiro Caminho do Eu não é pavimentado, está cheio de pedras e segue uma rota geralmente íngreme. É por intermédio de nossas tensões que a alma se torna conhecida pela primeira vez. Portanto, é pelas resoluções dessas tensões que os poderes da alma são liberados. Despertar a alma é um trabalho árduo e honesto.

Existe uma parte de nós mesmos que preferiria esperar pela limusine "espiritual" em vez de lidar com nossas legítimas tensões emocionais. Muitos tentam "manejar" suas tensões interiores por meio de técnicas de controle de tempo — e procuram organizá-lo para conseguir ajuda. "Se eu puder administrar meu tempo com mais eficiência", pensam, "serei capaz de lidar com todas essas exigências antagônicas." Técnicas rápidas e fáceis para fazer com que as tensões subjacentes desapareçam raramente funcionam. Por quê? Porque essas tensões não constituem problemas a serem resolvidos, mas indicações a serem observadas.

Especificamente, elas são marcos no Caminho do Eu que nos levam em direção a novas atitudes: "Ou meu trabalho é uma expressão da alma ou é um ato de traição ao meus colegas." Essa atitude é muito facciosa para abrir caminho para as riquezas da Alma. O pensamento baseado em extremos (ou isto ou aquilo) não pode liberar as energias da alma que estão inseparavelmente ligadas às nossas tensões e aos questionamentos. Tentar resolver nossas questões mais profundas por meio desse tipo de raciocínio perpetua nossa crise espiritual, que teve sua origem, antes de tudo, devido a essa maneira de pensar.

Depois de tentar infrutiferamente "resolver" o problema das tensões antagônicas, muitos decidem ser "realistas". Nesse momento, apanhados na rede de suas próprias contradições não resolvidas, esses "realistas" caem num estado de cáustica lamentação. Alguns se tornam obstinados, rejeitando quaisquer sugestão de que possa existir uma centelha interior. Outros apontam um dedo acusador para a empresa, como se o emprego e não eles mesmos tivesse a possibilidade de dar ânimo a suas tarefas diárias.

Um dos pré-requisitos para se seguir o Caminho do Eu é assumir a responsabilidade pela presença da alma, pelo sentido de vitalidade em nosso trabalho. Como uma disciplina espiritual, trilhar o Caminho do Eu é aceitar a responsabilidade pelo nosso sentido de realização.

Certamente, podemos terminar no emprego "errado". Contudo, quando compreendemos que essa situação "errônea" é um poderoso chamado para o despertar, que está nos fazendo sair de nossa letargia e nos incentivando a tornar o trabalho mais congruente com os nossos talentos e valores — o *errado* se transforma no *certo*. Um antigo médico, que atualmente trabalha numa empresa de alta tecnologia, nos contou: "Finalmente, ficou claro para mim que a minha insatisfação em relação ao hospital estava se infiltrando em todos os aspectos da minha vida — meu casamento, meus filhos, minha saúde. Perceber que eu tinha deixado as coisas chegarem a tal ponto de desequilíbrio não foi agradável. Foi um chamado para o despertar para que eu mudasse o que estava fazendo." Para algumas pessoas, a resolução de suas contradições interiores pode significar o início de uma nova carreira. Quanto à maioria, ela significa uma alteração na maneira de pensar e agir em relação ao trabalho que já existe. Ao se encarar o trabalho de uma forma diferente, é possível aplicar os valores da alma, adaptando-os à situação presente.

Para Eric, tudo isso queria dizer que não deveria se apressar em encontrar uma resposta simples e até superficial para o seu dilema profissional. Significava conviver com a tensão provocada por estar parte dentro e parte fora de seu próprio terno Rubleman. Significava assumir a responsabilidade de aplicar cada vez mais os seus valores mais profundos no seu local de trabalho, enquanto buscava um ambiente mais compatível, no qual pudesse despertar a Alma da Empresa.

A resolução de tensões básicas e a liberação do poder da alma são fundamentais para esse Caminho do Eu. Trata-se de uma prática baseada na paciência e na autoconsciência. Quando percebemos que estamos presos num terno de Rubleman, a tendência é tentar nos livrar imediatamente dele. Depois, sentindo-nos despidos, somos inclinados a vesti-lo novamente. A alternância emocional entre a raiva e o medo nos conduz à frustração. Imaginamos se haverá respostas para as nossas tensões aparentemente insolúveis. As tradições de sabedoria nos ensinam que as respostas às nossas dúvidas mais profundas surgem em momentos inesperados. Elas não podem ser forçadas ou fabricadas. Henry David Thoreau escreveu: "O dia só amanhece para os que estão acordados." As respostas surgem realmente, mas se estivermos adormecidos, pessimistas ou desencorajados elas poderão passar por nós despercebidas.

Paixão desconhecida

O rabino Zashu disse aos seus discípulos: "Quando eu morrer, Deus não irá me perguntar se eu fui como Moisés ou Josué durante a minha vida. Ele irá me perguntar se eu fui Zashu." Não precisamos esperar até a morte física para responder às perguntas de nossa alma.

Muitas pessoas nem mesmo sabem se seu trabalho é a expressão de sua paixão. Nosso amigo Marc trabalha com administradores de alto escalão que foram dispensados por suas empresas, ajudando-os a conseguir novos empregos e clareza quanto à direção que escolheram. "Muitos executivos procuram-me em um estado de perplexidade", disse-nos ele. "Estão perturbados por terem sido despedidos, mas, ao mesmo tempo, muitos não querem voltar à situação anterior. Entretanto, para a maioria, a simples pergunta: 'O que você deseja?' produz uma enorme incapacidade de resposta."

"Concentrei-me no aperfeiçoamento do meu desempenho", afirmou uma mulher que tinha sido vice-presidente de uma importante empresa de produtos de bens de consumo. "Era isso que se exigia de mim e que me gratificava. Se eu quisesse progredir na minha carreira, parecia ser necessário deixar de lado muitas das minhas próprias necessidades. Basicamente, deixei de prestar atenção à minha voz interior. Agora, se eu quiser continuar a fazer esse trabalho, tenho de começar a ouvi-la. Se não o fizer, sei que não vou resistir. Uma parte muito grande de 'mim' não participa daquilo que faço."

A conclusão dessa executiva faz eco às palavras de Rumi: "Há uma minúscula semente plantada no seu íntimo. Você a enche de si mesmo, ou ela morrerá."

O repouso e a alma

A exploração do Caminho do Eu começa com a passagem da atividade para o silêncio — território desconhecido para a maior parte das empresas. Ficar em repouso significa subtrair algum tempo do trabalho "real" para concentrar-se no íntimo. Para os dirigentes, isso representa conseguir tempo em meio à rotina do trabalho para que as pessoas reflitam sobre o significado que elas realmente desejam para o seu trabalho? Quais são os valores em busca dos quais devem orientar sua vida no trabalho? Qual o legado que gostariam de deixar na empresa e em suas carreiras? Qual é a sua paixão e de que modo a maior parte dela pode ser aplicada ao seu trabalho atual?

Só em repouso e na quietude interior podemos ouvir o que tem sido chamado de a *pequena voz silenciosa* da alma. Essa voz nos fala com simplicidade e diretamente a respeito do que é realmente importante. A maior parte do tempo nossos ouvidos e mentes são dominados pelo som estridente dos clarins e pelo rufar dos tambores dos nossos desejos e receios. O ruído afugenta a voz da alma. Quando não há tempo para o repouso, nós somos impelidos para uma vida superficial, com as nossas escolhas sendo governadas mais pelas reações emocionais do que pelo impulso criativo da alma.

O que significa para uma empresa criar um ambiente propício para que seus funcionários prestem atenção ao que está ocorrendo em seu íntimo? Várias organizações criaram programas de desenvolvimento profissional que estimulam a reflexão, por meio de uma série de perguntas que visam a autodescoberta, como por exemplo: Quem sou eu? Qual é realmente a minha importância? O quanto me dedico ao trabalho? De que modo a maior parte disso poderá estar presente em meu emprego atual e em nossa equipe?

Esses esforços dão apoio à responsabilidade individual para a identificação dos próprios valores e dedicação ao trabalho e para praticar ações a fim de incorporá-los ao trabalho diário. Em nossa experiência com programas desse tipo, funcionários de todos os níveis ficam interessados, especialmente devido ao fato de que muitos deles raramente destinam um período de tempo para responderem por si mesmos a essas questões críticas.

Obviamente, poder-se-ia argumentar que esses esforços têm uma conexão demasiadamente tênue com as margens de lucro para merecer algum investimento. Poder-se-ia ainda argumentar que as empresas não têm o direito de levar as pessoas a fazerem perguntas que são essencialmente muito pessoais e particulares. Embora esses argumentos tenham uma aparente validade, uma organização cheia de *personas*, de pessoas que trabalham de acordo com as inclinações de outras ou esperando que alguém aja de maneira a fortalecê-las não obterá sucesso em um mercado em transformação.

Fazer um autoquestionamento além dos limites indica falta de visão. Na verdade, Tom Peters afirmou que as empresas não deveriam se envolver com as crenças religiosas de seus funcionários. Não poderíamos estar mais de acordo com ele. Contudo, existe uma importante diferença entre interferir nas crenças religiosas e abrir o ambiente de trabalho às conversações que tenham por objetivo os valores que inspiram o comprometimento e promovem a realização pessoal. A empresa não deve dizer às pessoas no que acreditar ou a que dar valor, mas ela tem a responsabilidade de permitir que questões espirituais mais profundas sejam abordadas e respondidas no trabalho, de maneira a promover a integridade pessoal e da empresa.

Existem dirigentes que temem esse tipo de pergunta. No início da carreira em uma empresa colocada entre as 500 maiores pela revista *Fortune*, Eric apresentou programas de treinamento para a área administrativa que incluíam exercícios de esclarecimento de valores. Um dos gerentes de engenharia, dono de uma personalidade notoriamente explosiva, enviou para o treinamento vários de seus funcionários mais qualificados. Logo após o programa, o telefone do gerente de Eric tocou. "Que diabo esse instrutor está pretendendo!?" Podia-se ouvir a voz estridente do gerente de engenharia projetando-se através das linhas telefônicas e ecoando pelas paredes do departamento de treinamento. "Nós não queremos que essas pessoas pensem sobre o que querem! Elas poderiam pensar em sair da empresa."

Aquele gerente personificava uma atitude esmagadora para a alma que substituía o comprometimento pela sujeição às normas da empresa. Ele praticava uma forma de gerenciamento que aspirava à obediência e não ao comprometimento. Esse gerente adotava a crença temerosa de que perguntas baseadas na reflexão eram perniciosas e só poderiam levar à destruição da empresa. Ele agia como se a meta da direção da empresa fosse desviar a atenção das pessoas de seus valores porque era demais esperar um verdadeiro entusiasmo. De fato, o oposto é verdadeiro. São as perguntas que deixamos de fazer e os valores não reconhecidos que sabotam o comprometimento existente no íntimo das pessoas.

O local de trabalho não pode ser excluído da busca de profundidade e vitalidade autênticas que representam o estímulo inato da alma. Muitas coisas estão em jogo, tanto do ponto de vista pessoal, quanto organizacional. Os valores ocultos nunca se perdem realmente. No Evangelho de São Tomé, Jesus diz: "Se você manifestar aquilo que está em seu íntimo, o que você manifestar irá salvá-lo. Se você não manifestar aquilo que está em seu íntimo, o que você não manifestar irá destruí-lo." Se as energias da alma não forem disseminadas no mundo, elas se tornarão nocivas e interiormente destrutivas. Quando mantemos nossos dons, talentos e valores reféns do medo ou da dúvida, esses muitos recursos vitais começam a corroer os fundamentos do nosso sentido do eu. Pode-se observar isso em muitas organizações onde existem pessoas que não se interessam por si mesmas, embora permaneçam no emprego. Elas se tornaram membros inúteis de suas equipes, com freqüência revelando sua forma amarga de "realismo" em reuniões e conversas.

Para os dirigentes, a citação acima do Evangelho de São Tomé oferece uma orientação particularmente assustadora. Ignorando ou reprimindo as poderosas energias da alma que permanecem adormecidas no interior da Alma da Empresa, os dirigentes podem criar, ainda que sem intenção, as condições para desenvolver forças nocivas e destrutivas. As mesmas energias que podem manifestar a paixão, o compromisso e a produtividade, se transformarão em cinismo, apatia e resistência, quando sufocadas.

O Caminho do Eu da empresa

Ao se trilhar o Caminho do Eu, os valores pessoais e organizacionais se interligam. Durante a última década, a criação de conceitos, objetivos e valores passou a ser obrigatória — um ritual indispensável à vida da empresa. É rara a sala de espera de uma empresa que não exiba uma mensagem emoldurada de conceitos e de objetivos. Poucas empresas acham que podem sobreviver sem elas. Uma charge publicada na revista *New Yorker* revela quão profundamente esse ritual já penetrou na cultura norte-americana. Um casal está sentado em poltronas separadas, na sala de visitas. A esposa, com os braços cruzados, fala indignada, enquanto o marido olha para ela constrangido. "Não", ela diz, "eu não acho que uma mensagem de objetivos irá melhorar o nosso casamento."

Participamos da criação de muitas dessas mensagens, mas com o tempo nos convencemos de que, na maioria das vezes, esses rituais em e por si mesmos não têm muita força para inspirar o comprometimento nas empresas. Contudo, mensagens de conceito podem representar mais do que chavões. Quando o St. Mary's Health Care começou a reestruturar seu sistema de atendimento, seus administradores concluíram que o sucesso permanente dependia de funcionários empenhados e interessados. Os encargos fiscais da contratação e treinamento eram muito elevados e o preço espiritual de se criar um hospital destituído de espírito de compaixão era grande demais. Os diretores do St. Mary's reuniram-se com o objetivo de articular uma nova imagem para a empresa. Mas para fazê-lo, descobriram que era necessário examinar suas próprias crenças e valores. O que poderia ter sido uma sessão de visualização perfunctória, resultando numa declaração exigente do ponto de vista fiscal, mas espiritualmente segura como, por exemplo, "Seja o Número Um", transformou-se num questionamento profundamente desafiador, com relação ao que aquele grupo de administradores realmente queria criar.

Sessões de visualização, por mais importantes que sejam conceitualmente, podem se tornar mais uma maneira de reforçar as máscaras. É mais fácil para a maioria das empresas dizer: "Eliminem a competição", do que perguntar: "O que na verdade estamos tentando criar aqui?" Uma pergunta como essa afasta a máscara e nos obriga a despir o nosso terno Rubleman para permanecermos revestidos apenas por nossos valores. Isso pode nos fazer sentir como que despidos e expostos para permanecer em tal situação. A maioria não se arrisca a fazê-lo espiritualmente, mesmo quando atinge cada vez mais seus objetivos comerciais.

Poucas empresas fazem concessões, sem falar em dispor de algum tempo para ajudar seus funcionários a explorar seus valores mais profundos. Ao contrário, os valores da empresa são exibidos diante deles e uma saudação de aprovação é recebida (isso geralmente vem de alguém de quem não se esperava). Quando as pessoas podem, inicialmente, explorar seus próprios valores e então associá-los aos valores das metas da organização, a Alma da Empresa começa a despertar.

A divisão norte-americana da Fiat preferiu criar sua mensagem de conceito da seguinte maneira: iniciando-se com imagens individuais, um processo foi estabelecido, pelo qual a multiplicidade de visões pessoais foi discutida e integrada numa única imagem, a qual todos reconheciam como "minha". Pela criação da imagem a partir da base da hierarquia da empresa para cima e não de cima para baixo, a empresa realmente agrupou-se em torno de um conjunto essencial de valores e objetivos partilhados. Telus, uma companhia telefônica canadense, desenvolveu seus "princípios empresariais" fazendo com que as pessoas, na empresa como um todo, identificassem seus valores pessoais. Isso formou a base dos valores da empresa.

Os diretores do St. Mary's convidaram cada pessoa da empresa a dedicar algum tempo para definir e articular as suas qualidades mais apreciáveis. Os funcionários foram então solicitados a descobrir ou criar modos por meio dos quais poderiam manifestar essas qualidades em seu trabalho no hospital. Finalmente, pediu-se que eles identificassem de que maneira seus próprios valores alinhavam-se com os da companhia. As energias emocionais e intelectuais que brotaram durante esse processo é algo que a maioria dos administradores ficaria contente em adquirir a qualquer preço. "Estou trabalhando mais do que nunca", afirmou um dos funcionários do St. Mary's. "Não porque tenho de fazê-lo, mas porque neste emprego eu consegui expressar mais de mim mesmo."

Jejum pela Alma da Empresa

As tradições de sabedoria sempre valorizaram o jejum como uma forma de nos tirar radicalmente da rotina dos nossos hábitos. Em essência, o jejum é a prática de não alimentar hábitos do passado que nos limitam. O jejum remove a nossa energia do hábito obsoleto, à medida que nos revestimos mais plenamente com uma nova maneira de ser. A forma mais familiar de jejum é a abstenção de alimentos — uma prática que não está diretamente relacionada com o despertar da Alma da Empresa.

Entretanto, é possível abster-se de qualquer "coisa", assim como de qualquer "comportamento". Podemos parar de alimentar qualquer modo limitador de ser ou de agir. À medida que trilhamos o Caminho do Eu, é útil determinar que comportamentos valem a pena ser mantidos e quais devem ser eliminados. Isso transforma-se no ponto de convergência de um jejum.

Um dos colegas de trabalho de Eric reconheceu ter uma tendência a comprazer-se em fazer comentários cáusticos e algumas vezes sarcásticos. Essa maneira de falar ia contra os valores que pretendia personificar em seu trabalho. Ele decidiu fazer um jejum de sarcasmos. "Comecei com muito entusiasmo. Estava determinado a nunca mais ser sarcástico. Essa abordagem não funcionou." O que nosso amigo descobriu foi que ao praticar um jejum com um fim determinado, definindo, por exemplo, que durante um período de três horas na parte da manhã iria se abster de ser sarcástico, o processo se tornaria mais fácil de controlar e com maior possibilidade de sucesso. "Isso se transformou em um jogo criativo para mim", explicou ele. "Eu esperava ansiosamente os momentos de jejum dos sarcasmos. Em vez de se caracterizar como uma disciplina rígida, aquilo era divertido. Pude apreciar as mudanças que ocorreram quando me tornei cada vez menos sarcástico em minha maneira de me comunicar com os outros."

Esse processo de jejum também pode ser adotado por um grupo. O departamento de sistemas de informação de uma grande empresa na área da eletrônica analisou essa prática durante uma reunião de equipe. "Reconhecemos que nos sentíamos enganados por um dos nossos clientes", relatou um dos membros do grupo. "Todos experimentávamos um mal-estar em trabalhar com esse cliente, nos queixávamos um para o outro, e de maneira geral agíamos como se não tivéssemos forças para enfrentar a situação." A equipe decidiu abster-se durante uma semana das queixas baseadas em uma posição de vítima a respeito desse cliente, e em vez disso buscar e revelar um novo relacionamento que tivesse integridade e satisfizesse sua missão de serviço.

Em uma reunião posterior, os membros da equipe concordaram em que o jejum obtivera sucesso. "Não que eu tivesse sido perfeito", destacou um dos participantes, "mas descobri que conseguia observar meu velho comportamento como vítima quando ele começava, e assim era mais fácil cortá-lo pela raiz." Outro membro da equipe relatou: "Percebi que não era o cliente que estava fazendo de mim uma vítima, era o meu próprio hábito de pensar e falar como vítima."

Qual é o hábito do passado que você gostaria de parar de alimentar? Existe uma maneira de pensar ou de relacionar-se que você adota, mas que não representa seus valores mais profundos? E quanto a algum padrão de comportamento em particular? Identifique um deles, do qual valeria a pensa abster-se. Estabeleça um período de tempo para o jejum e coloque-o em ação.

Como lidar com os obstáculos internos

Trilhar o Caminho do Eu significa um investimento consciente de tempo e recursos. Como no caso de qualquer outro investimento, há riscos e recompensas. Os possíveis riscos são que esse questionamento pessoal irá trazer poucos benefícios para a organização. As possíveis recompensas são que as pessoas começam a aplicar no ambiente de trabalho uma maior parte de sua energia, criatividade e compromisso.

A Alma da Empresa desperta pela primeira vez quando a alma individual desperta e afirma, nas palavras de Gerard Manley Hopkins: "Para isso nasci, para isso vim ao mundo." O despertar da alma exige reflexão e ação. Um poeta indiano anônimo escreveu, em palavras que podem ser assustadoras, sobre aqueles de nós que não conhecem a própria vocação ou deixaram de aplicar seus valores ao trabalho:

"A Canção que eu vim cantar continua sem ser cantada;
Passei a minha vida colocando e tirando as cordas do meu instrumento."

1. Crie oportunidades para que as pessoas identifiquem seus próprios valores e de que modo eles podem ser colocados em ação no trabalho. Peça-lhes que façam a conexão entre a visão/missão/metas da empresa e com os seus valores.
2. Desenvolva os valores da empresa a da base hierárquica para cima.
3. Convença as pessoas a identificar o que desperta comprometimento e energia no trabalho.
4. Ajude alguém a encontrar sua vocação. Faça à pessoa perguntas que esclareçam o que ela espera do trabalho e como isso pode ser estimulado em seu emprego atual.
5. Crie um programa de desenvolvimento profissional que permita às pessoas perguntarem: "O que eu poderia fazer na empresa que esteja mais próximo da minha vocação?"

EXERCÍCIO:
AVALIAÇÃO DO PROGRESSO NO CAMINHO DO EU

As seguintes perguntas permitem uma avaliação inicial do progresso que você e sua empresa já fizeram nesse caminho. A avaliação destina-se a guiar sua análise e não a proporcionar um cálculo quantitativo definitivo do estado da alma de sua empresa.

1 = concorda plenamente
2 = concorda
3 = discorda
4 = discorda totalmente

— O emprego que tenho atualmente corresponde à "minha paixão".
— Sou fiel a mim mesmo em minha presente situação de trabalho/ empresa.
— O trabalho em que estou envolvido atualmente é importante para mim pessoalmente.
— O emprego que tenho agora é principalmente apenas um "emprego".
— O papel que desempenho na minha carreira atual é adequado para mim.
— Nossa empresa adota um método que permite a seus funcionários avaliarem suas carreiras, seus objetivos de desenvolvimento e seus anseios.
— Nossa empresa ajuda as pessoas a identificar seus valores pessoais, descobrindo depois maneiras pelas quais possam se harmonizar com os valores da empresa.
— Em nossa empresa as pessoas são encorajadas a "ser elas mesmas", em termos de comportamento e maneira de vestir e agir.
— Discussões sobre vocação, comprometimento e valores pessoais são uma ocorrência normal na nossa empresa.

Reflexão

Com base nas respostas anteriores, quais são as áreas de crescimento potencial para você? E quanto à sua empresa? Nas áreas em que há maiores oportunidades, identifique um ou dois exemplos que indiquem como você sabe que o crescimento é necessário.

Reflexão e a ação individual

Agora passe algum tempo refletindo sobre o que você leu a respeito desse caminho. Usando a avaliação acima, quais são as ações que você poderia empreender imediatamente para começar a trilhar mais plenamente o Caminho do Eu no seu trabalho? Identifique apenas uma ou duas ações para fazê-lo iniciar esse processo, em vez de um grande número que não será implementado. Utilize "as maneiras de começar" como um guia.

_____

_____

_____

_____

_____

Reflexão e ação em grupo

Se toda a sua equipe de dirigentes estiver lendo o livro, faça com que todos usem a miniavaliação acima e trabalhem como grupo nos exercícios que se seguem.

EXERCÍCIO:
TIRE SUA MÁSCARA NO TRABALHO

Faça a si mesmo a pergunta: "Quem sou eu no trabalho?" Anote palavras que o descrevem no trabalho. Assinale aquelas que são mais autênticas (revelam sua alma) e aquelas que são como máscaras (ocultam sua alma).

_____

_____

_____

_____

_____

_____

_____

_____

EXERCÍCIO:
REVELE MAIS DE VOCÊ MESMO NO TRABALHO

Reflita sobre os modos pelos quais seu emprego atual é um "terno de Rubleman" e nas maneiras pelas quais você mascara sua alma, escondendo-a atrás de uma _persona_ no trabalho. A seguir, identifique as partes de si mesmo que você deseja revelar mais em seu trabalho.

_____

_____

_____

_____

_____

_____

_____

_____

5

O Caminho da Contribuição

Por que uma Pequena Mudança Faz Toda a Diferença

Todas as tradições de sabedoria nos lembram que trabalhar no sentido de contribuir e de servir é essencial para o bem-estar da alma. Na tradição budista tibetana afirma-se: "Você tem esse precioso corpo humano para servir a outros seres vivos." A alma desperta quando nosso trabalho é direcionado no sentido de contribuir para algo mais amplo do que as nossas necessidades pessoais imediatas. Entretanto, poucas pessoas e um número ainda menor de empresas têm acesso à energia que pode ser liberada pelo poder da contribuição. O segundo caminho, o Caminho da Contribuição, diz respeito à descoberta dos meios pelos quais o nosso trabalho poderá servir a um propósito mais elevado e também aos dirigentes que podem ajudar as pessoas a verem o significado mais profundo dos esforços empreendidos pela empresa.

> Vocês pedem-me um lema.
> Ei-lo: Serviço.
>
> ALBERT SCHWEITZER

> Trabalhe tendo sempre em mente o bem-estar dos outros. Pela devoção ao trabalho altruísta, atinge-se a suprema meta da vida.
>
> BHAGAVAD GITA

Bom cansaço ou mau cansaço

John aprendeu a respeito do poder da contribuição com o seu avô, que tinha sido empregado de um estaleiro. O avô de John, imigrante canadense, deixara a Nova Escócia durante a Grande Depressão a fim de ir para a Nova Inglaterra em busca de trabalho. Durante quase três décadas ele cumpriu longas jornadas diárias, consertando navios em uma doca seca. Ele orgulhava-se em servir o país que adotara, mandando navios de volta ao mar com um tempo extra de vida útil, e era conhecido por seus colegas como um homem que servia aos outros com delicadeza e compaixão. Voltava para casa quase todas as noites muito cansado. "É, porém, um bom cansaço", dizia. "Um cansaço positivo é quando você esgotou tudo o que tinha e sabe em seu íntimo que realizou alguma coisa! Um mau cansaço é quando você consumiu tudo o que possuía, mas isso nada significou para ninguém."

Que tipo de cansaço você sente no final de um dia de trabalho? É um bom cansaço, que renova o compromisso e desperta o entusiasmo? As pessoas em sua empresa vão para casa no final da semana com um bom ou um mau cansaço? Elas sabem que seus esforços têm um objetivo que transcende os seus próprios ou até mesmo os desejos pessoais dos acionistas? Muitos trabalhadores não têm a percepção de que o trabalho que fazem pode ser útil ou que seus esforços contribuem para alguma coisa de real valor.

Além da sobrevivência

Muitos dirigentes têm nos perguntado: "Por que as pessoas não trabalham para nós com mais empenho? Elas não sabem que seus empregos estão ameaçados?" O que esses administradores deixam de ver é que poucas pessoas dão 150% de si somente porque seus empregos estão ameaçados. Trata-se de uma completa fantasia acreditar que as pessoas irão manter-se em seu melhor nível apenas para sobreviver. De fato, quanto mais difíceis os tempos se tornam, mais as empresas precisam recorrer a uma motivação cuja profundidade está além da mera necessidade de sobreviver. A sobrevivência é uma razão para perseverar enquanto se espera por dias melhores. O acesso a uma motivação mais profunda, baseada em um sentido de real contribuição, está ligado a uma fonte de comprometimento duradouro.

A alma deseja um propósito que vai além da necessidade de conservar um emprego ou sobreviver à próxima crise que se abater sobre a empresa. A maior ironia, no que se refere às organizações e seus dirigentes, é o fato de as pessoas com mais talento e ambição — e portanto, as que mais contribuem para as iniciativas da empresa — serem as que talvez têm maior necessidade de sentir que seu trabalho faz um diferença palpável. Elas são como canários em uma mina. Suas almas são sensíveis aos gases tóxicos do trabalho sem sentido. Quando o trabalho torna-se vazio de significado, seu empenho e concentração começam a enfraquecer e elas partem.

A *alma quer provocar uma mudança*

Quando pedimos às pessoas que nos falem sobre as suas experiências de 150% — os momentos nos quais seu trabalho é mais gratificante, nos quais estão mais envolvidas e dinâmicas — elas falam de quando seus esforços provocam uma mudança em alguém, de saberem que o fruto de seu trabalho tem um valor duradouro e é benéfico para os outros. Reconhecer o valor dos próprios esforços libera uma corrente de entusiasmo. Desenvolver conscientemente essa percepção de servir e provocar uma mudança é o que chamamos de Caminho da Contribuição.

O Caminho da Contribuição responde às perguntas: "Por que estamos fazendo isto? Que mudança meu trabalho provoca?" O Caminho da Contribuição faz a conexão com a motivação inata da alma para usar os talentos interiores, a serviço de uma meta valiosa.

Acúmulo versus *contribuição*

O evangelho de São Mateus fala diretamente a respeito do Caminho da Contribuição. Jesus disse: "Porque aquele que quiser salvar a sua alma, perdê-la-á; e o que perder a sua alma por amor a mim, achá-la-á." Jesus conhecia uma verdade essencial sobre a alma humana: sua energia vem mais de um legado e da comunidade do que do fato de se ter o suficiente para pagar a hipoteca da casa. Quando consideramos o trabalho como um meio para alcançar um fim (isto é, remuneração, poder, aposentadoria), perdemos seu valor mais fundamental e profundo. Em termos de Alma da Empresa, essa passagem contrasta duas abordagens do trabalho. Uma se concentra em desejos egocêntricos e isolados — o eu inferior. A outra focaliza a "perda" desse eu inferior, concentrando-se, ao contrário, na busca de uma visão mais ampla, mais sábia e com força para despertar a alma, personalizada pelo próprio Jesus.

Esse ensinamento indica um paradoxo que a maioria das pessoas e empresas hoje em dia não compreende inteiramente. Quando nossas energias dedicadas ao trabalho se concentram na salvação do eu inferior, ou conjunto de desejos e metas totalmente pessoais, nossa ligação com a alma fica enfraquecida. Contudo, no momento em que as nossas energias dedicadas ao trabalho são conscientemente direcionadas a um propósito mais amplo, nos descobrimos revitalizados por um sentido de realização da alma.

Ter desejos pessoais não é em si e por si o problema. Eles fazem parte de nossa natureza humana. Os objetos do desejo, por sua vez — videocassetes, equipamentos esportivos, férias e outros — não são necessariamente maus. As tradições de sabedoria simplesmente querem que consideremos esses objetos pelo que são — videocassetes, equipamentos esportivos, férias — e compreendamos que o caminho da realização, do propósito e do significado encontra-se numa outra direção. Não importa o quanto corramos na direção dos nossos desejos, as tradições nos alertam, o sentido de realização de uma contribuição valiosa que satisfaz a alma irá nos escapar.

As tradições de sabedoria não nos pedem para escolher entre um novo aparelho de televisão e um novo estado de consciência. Aparelhos, sofás e automóveis, todos têm seu lugar numa vida equilibrada. As tradições de sabedoria certamente estão nos pedindo para compreender que, quando a crise empresarial se refere ao comprometimento e entusiasmo no trabalho, a solução é encontrada no acesso ao que Gandhi chamava de a "força da alma". Direcionar nosso trabalho primariamente no sentido do acúmulo e não do Caminho da Contribuição, nos levará a um desvio que se afasta da Alma da Empresa.

Alimentar fantasmas famintos

No Oriente, uma alma que busca constantemente recompensas para si mesma, que o tempo todo tenta alimentar seus próprios desejos, é chamada de fantasma faminto. Esse fantasma faminto é uma alma que está em estado contínuo de fome, consumindo coisas interminavelmente, mas nunca se sente saciada. Nossa cultura tende a reforçar a mentalidade do fantasma faminto, prometendo o sentimento de realização pessoal via consumismo. Essa mentalidade é levada para o ambiente de trabalho como uma atitude de exigência de direitos em vez de serviço. Quando uma empresa depende de recompensas "externas" como motivação para o desempenho, cria um local de trabalho cheio de fantasmas famintos. Eles perguntam incessantemente: "O que você vai fazer por mim? O que posso obter de você?" No momento em que os nossos esforços se concentram nos desejos do nosso próprio eu inferior, perdemos o sentido de realização da alma que supostamente estamos buscando.

Presos no ciclo do fantasma faminto, nos tornamos iguais ao homem da história sufi que, depois de pagar um preço irrisório por um cesto de pimenta malagueta, começou a comer as pimentas. Quanto mais comia, mais sua boca queimava. Logo, lágrimas já lhe desciam pelo rosto. Quando um amigo lhe perguntou por que ele continuava a comer pimentas tão fortes, o homem respondeu: "Estou esperando encontrar uma doce!"

Somente depois de nos libertar do eu inferior e investir nossas energias num propósito mais amplo poderemos restabelecer uma conexão viva com a alma. Reconhecendo que o nosso trabalho representa um verdadeiro serviço para os outros, poderemos beber na fonte da alma do comprometimento no decorrer de toda a jornada de trabalho.

Como fazer a conexão interior

Não há muito tempo, um ônibus fretado, lotado de passageiros, nos ultrapassou na estrada. Acima do vidro dianteiro, onde o letreiro deveria indicar o destino do ônibus, estava escrito: "Ônibus Errado." Muitas empresas têm dirigido o ônibus errado durante anos, tentando estimular um comprometimento mais profundo por parte dos funcionários.

A maior parte das empresas esforça-se para aumentar o sentido de comprometimento das pessoas oferecendo algo como — mais dinheiro, maiores benefícios, uma sala particular, títulos mais impressionantes, centros esportivos, refeitórios melhores, folgas, e assim por diante. Muitos de nós tentam reativar o nosso comprometimento de forma semelhante, com a finalidade de progresso na carreira e de obtenção de ganhos financeiros. Todas essas coisas têm sua função própria, mas, ironicamente, a maior parte só pode ser aproveitada quando não estamos trabalhando!

O Caminho da Contribuição considera o trabalho em si como fonte de significado e realização. Esse Caminho concentra-se não em gratificações e símbolos, mas no fortalecimento da conexão consciente entre os esforços diários e sua contribuição para um objetivo superior. O comprometimento manifesta-se naturalmente quando sabemos que nosso trabalho equivale a algo que está além de nós mesmos, quando sabemos que as energias que despendemos são convertidas em algo valioso para os outros. Encontrar essa chave interior da motivação significa examinar profundamente o nosso trabalho e descobrir seu propósito oculto mais elevado. A maneira de analisá-lo em profundidade é ilustrado na história a seguir.

O encontro da chave

Mulla Nasruddin estava de joelhos, sob uma lâmpada, fora de casa, quando um amigo se aproximou.

"O que você está fazendo, Mulla?", o amigo lhe perguntou.

"Estou procurando minha chave. Eu a perdi."

O amigo ajoelhou-se também. Ambos procuraram por um longo tempo no chão sujo. Nada encontrando, o amigo finalmente perguntou: "Onde exatamente você perdeu a chave?"

Nasruddin respondeu: "Eu a perdi dentro de casa."

"Então por que você a está procurando aqui fora?", o amigo quis saber.

Mulla respondeu: "Há muito mais luz aqui fora."

Assim como Mulla, a maior parte das empresas prefere procurar a chave do comprometimento à luz daquilo que lhes é familiar. Afinal de contas, é mais fácil apegar-se a estratégias conhecidas — sistemas de recompensas, bônus, incentivos e gratificações. Essas coisas nos são familiares; sabemos como nos relacionar com elas e mensurá-las. Esses tipos de programas são necessários, mas não são suficientes para liberar o poder da alma. Temos de abandonar o que é conhecido em favor do desconhecido e investigar a fonte interior do comprometimento duradouro para que ele ocorra.

Isso se inicia com a revelação do propósito valioso, embora potencialmente oculto, do nosso trabalho; significa reconhecer o objetivo alcançado por nossa empresa que vai além dos meros resultados; significa ainda transmitir aos outros o fato de seus esforços contribuírem para um propósito mais elevado.

A oportunidade está sempre presente

O que fazer para mudar a obsessão do fantasma faminto com o eu inferior para o sentimento de propósito, realização e serviço da alma desperta? Temos de começar cultivando a percepção das oportunidades de contribuição e serviço que já estão presentes no nosso trabalho.

Quando Moisés encontrou a sarça ardente, foi-lhe ordenado: "Tire suas sandálias; você está pisando em solo sagrado." Isso parece estranho. Como poderia Moisés não reconhecer a oportunidade espiritual que tinha diante de si? Porém ali estava ele, defrontando-se com algo absolutamente sagrado, e ele não agia de acordo com a situação. Esse ensinamento nos mostra como é fácil estar na presença de algo sagrado e, no entanto, não percebê-lo.

Isso é particularmente verdadeiro no ambiente de trabalho, pois fomos treinados para acreditar que o espiritual, o sagrado e a alma não têm lugar no emprego. Essa suposição nos cega para oportunidades que existem para contribuirmos e nos realizar como almas. Já dispomos de centenas de possibilidades para servir e contribuir em nossa situação atual. Sem ter consciência dessas possibilidades, com freqüência passamos por elas sem vê-las. Como Moisés, já estamos em solo sagrado. Para alguém apressado, até mesmo uma sarça ardente pode ser negligenciada e considerada como outro arbusto qualquer, sendo simplesmente tratada como uma parte comum da paisagem. O Caminho da Contribuição se inicia com a redescoberta de que nosso trabalho e interações atuais estão onde nossa atuação pode representar uma diferença para o todo.

Não espere salvar o mundo

Às vezes, é necessário algo muito forte que nos faça lembrar das oportunidades diárias de servir. A sarça ardente pode se apresentar de formas inesperadas. John entrou no curso de pós-graduação na metade do ano escolar. Naquela época, ele estudava teologia e estava ansioso para encontrar um emprego de meio-período no qual pudesse "salvar o mundo". Infelizmente, como estavam no meio do ano, todos os trabalhos de meio-período para salvar o mundo já estavam preenchidos. O único emprego que pôde conseguir foi como empregado dos correios numa drogaria situada em uma área pobre ao sul de Chicago.

Durante várias semanas, John detestou o trabalho. Passar 25 horas atrás de um balcão quando poderia estar em um outro lugar, salvando o mundo, era uma situação torturante. Com o tempo, começou a detestar até os usuários e seus pedidos. Muitos clientes aproximavam-se do balcão para fazer ordens de pagamento a fim de pagar suas contas, algumas vezes solicitando mais de dez ao mesmo tempo. Preencher ordens de pagamento era uma tarefa tediosa e que consumia muito tempo. A frustração combinada com a sua origem da classe média faziam John olhar para a fila de pessoas e pensar: "Pelo amor de Deus, abram uma conta corrente!"

O verão se aproximava e John se resignara a passar os longos e quentes meses daquela estação preenchendo ordens de pagamento e vendendo selos quando chegou uma carta oferecendo-lhe trabalho numa enfermaria de pacientes com câncer.

Fortalecido com um recém-descoberto "Quem se importa! Estou fora daqui", John chegou à agência de correio na chuvosa manhã seguinte de Chicago. A costumeira fila de usuários o esperava. A terceira da fila era uma idosa senhora negra, que estava usando uma capa de chuva de estilo militar e de cujo pequeno chapéu marrom caíam pingos d'água em seus ombros. Ela solicitou quatro ordens de pagamento. Apenas para ser amável, e reanimado pela expectativa de mudança da situação, John perguntou como estava ela. "Não estou bem", a mulher suspirou, "minha filha está no hospital e os médicos dizem que ela vai morrer nos próximos dias. Eu deveria estar lá com ela. Mas se não pagar o meu aluguel hoje, serei despejada."

A conversa prosseguiu por mais uns momentos e John dirigiu-lhe algumas palavras de encorajamento. Ao sair, a velha senhora caminhou cerca de três metros e voltou ao balcão, interrompendo o cliente seguinte. Ela segurou o antebraço de John delicadamente, olhou nos olhos dele e sussurrou : "Filho, eu só queria lhe agradecer por me fazer suportar um dia que, senão, seria horrível. Você foi muito gentil."

Quando ela saiu, John pensou nos meses que passara atrás daquele balcão perdendo tempo, enquanto intimamente reclamava e maldizia os clientes. Refletiu sobre quantas oportunidades para servir e para uma conexão entre almas haviam sido perdidas enquanto ele esperava por um emprego que lhe permitisse "salvar o mundo". Naquele momento, John percebeu o significado e a ajuda que seu trabalho rotineiro oferecia aos usuários. Quer sejamos balconistas numa loja, empregados numa fábrica ou executivos de uma empresa, as oportunidades de servir são infinitas se tivermos olhos para vê-las.

Revelação do solo sagrado

Existem muitas pessoas para as quais a visão da contribuição e do serviço tornou-se indistinta. Dirigentes que emitem o chamado para o despertar, "Remova seus sapatos! Você está pisando em solo sagrado!" demonstrariam sabedoria se começassem por si mesmos a descobrir suas próprias oportunidades diárias de contribuição e serviço. A partir dessa base, é mais fácil transmitir para a organização e apoiar outras pessoas na criação da percepção de seu solo sagrado.

Descoberta da contribuição

Buda disse: "A mente é precursora de todas as ações." Uma mudança mental evolui naturalmente para uma mudança de comportamento e, em última análise, para novos resultados. A organizadora de um encontro entre os membros de uma associação profissional nos relatou que passou a detestar seu emprego anterior. A empresa e seu produto a desagradavam e havia poucas recompensas pessoais para os seus esforços. Além disso, ela sentia que o trabalho não correspondia à sua qualificação e interesses. Como muitas outras pessoas, Joanne passou a adotar um padrão de queixas constantes em relação ao seu emprego. "Um dia, percebi que consumia a maior parte de minha energia procurando coisas sobre as quais reclamar", ela nos disse. "Por isso, decidi fazer uma mudança mental de 180°." Joanne decidiu fazer uma lista das bênçãos que experimentava no seu trabalho. Refletiu sobre as coisas pelas quais era grata e como achava que estava dando a sua contribuição. A lista foi muito curta: "Recebo um salário e o fim de semana começa todas as sextas-feiras às cinco horas da tarde."

Durante as semanas seguintes Joanne continuou a trabalhar em sua lista. Ao final de cada dia, pensava sobre as bênçãos que tinha recebido. Logo, se descobriu tentando criar experiências que pudessem fazer parte de sua lista. Começou a procurar oportunidades para motivar bênçãos em vez de esperar que estas viessem até ela. Na época em que deixou o emprego, um ano depois, para assumir um cargo que melhor atendia aos seus interesses, Joanne tinha um caderno de notas cheio de bênçãos. Ela concluiu: "É surpreendente o que acontece quando você começa a procurar bênçãos. Agora, crio oportunidades todos os dias para tornar meu trabalho importante e ser grata."

A prática adotada por Joanne representa uma disciplina da alma. É um método de chamar a atenção para aquilo que é realmente compensador. É uma maneira de desativar a mente do fantasma faminto e alimentar a alma com atos de serviço.

Os dirigentes não podem despertar a Alma da Empresa até que eles mesmos estejam despertos para as possibilidades mais profundas de seu próprio trabalho. Só podemos começar a inspirar outras pessoas depois que os nossos esforços diários se transformam em uma clara expressão de serviço e contribuição. Dessa forma, uma tarefa essencialmente pessoal torna-se o primeiro passo para a renovação da empresa.

Ajude as pessoas a ver a contribuição que elas dão

Uma maneira de ajudar as pessoas a tomar consciência da contribuição do trabalho delas é aproximá-las dos clientes ou daqueles a quem servem. Em qualquer emprego é fácil esquecer o impacto que exercemos sobre os clientes, uma vez que eles com freqüência não nos falam a esse respeito. Quando nosso colega David era administrador de um hospital, ele ocasionalmente encontrava, ao sair de uma reunião de negócios, um paciente deitado numa maca em algum corredor e surpreendia-se diante do pensamento: "Oh, meu Deus, há pessoas doentes neste lugar." Claro que ele sabia disso, mas a natureza de seu trabalho como administrador tendia a isolá-lo do objetivo fundamental, na verdade da contribuição principal do hospital: cuidar de doentes.

É fácil em qualquer trabalho vermo-nos tão envolvidos com a execução de nossa lista de tarefas que esquecemos o resultado final para o qual essas tarefas são dirigidas. Quando a nossa visão se estreita, limitando-se à tarefa que temos em mãos, o objetivo maior de nossos esforços pode ficar obscurecido. Guiar outras pessoas no Caminho da Contribuição significa ajudar as pessoas a estabelecer a conexão entre suas listas de afazeres e a contribuição que seus esforços representam para os outros.

Melhor do que dizer às pessoas que aquilo que elas fazem é útil é deixar que o ouçam diretamente dos clientes. Trabalhamos com várias organizações que gravaram em videoteipe grupos-alvo de clientes e apresentaram uma versão editada do mesmo a todos os seus funcionários. Ouvir essas discussões francas por parte dos clientes a respeito do que o serviço significa para eles, ao lado de incidentes específicos de bom e mau serviço, provocou um poderoso impacto sobre o comprometimento e a motivação dos empregados. Esforços administrativos para melhorar o comportamento no aspecto do serviço ficam debilitados diante do simples ato de sermos lembrados pelas pessoas a quem servimos de que aquilo que fazemos tem importância.

O propósito mais elevado do trabalho

Muitas empresas gastam milhões de dólares em campanhas publicitárias tendo como finalidade convencer seus clientes de que elas estão preocupadas com suas necessidades. Entretanto, quantas empresas gastam algo próximo a essa quantidade de atenção ou de dinheiro para ajudar as pessoas que prestam serviço a ver que aquilo que fazem tem um propósito mais elevado?

Além de ouvir o que os clientes têm a dizer, o Caminho da Contribuição se desenvolve por meio da identificação da maneira pela qual o nosso trabalho torna-se, de fato, uma contribuição. Utilizamos um exercício para ajudar a mudar o pensamento das pessoas, deslocando-o da lista de afazeres para o seu objetivo, fazendo uma pergunta composta de duas partes. Primeiro, perguntamos: "Qual é o objetivo comercial do seu trabalho?" A maioria das pessoas irá responder com declarações como: "Criar bons produtos para que a empresa tenha lucro", ou "Ajudar os nossos clientes a resolver problemas com suas despesas". A seguir, perguntamos: "Qual é o propósito mais elevado de seu trabalho?" Essa pergunta sempre dá início a um diálogo interessante. Algumas pessoas se opõem à implicação de que possa existir um objetivo mais elevado (ou mais profundo) em algo que sempre consideraram apenas um trabalho. A maioria delas, contudo, fica intrigada. Suas almas percebem algo.

Respostas a essas perguntas sobre o objetivo mais elevado incluem: "Ajudar as pessoas e a sociedade a prosperar", "Abrir a mente e desenvolver a criatividade das crianças para que elas possam gostar de aprender", ou "Prolongar a vida por meio de avanços científicos". Muitos estão tão acostumados a ver o seu trabalho apenas em termos econômicos, que o objetivo mais elevado para o qual estão contribuindo poderá lhes parecer, a princípio, uma fantasia. O que ele não é. Abrangendo a percepção do objetivo principal — o propósito mais elevado junto com o balanço comercial — e o desempenho financeiro, obteremos uma compreensão mais completa do significado do nosso trabalho. A Alma da Empresa abrange os dois, o objetivo principal e o desempenho financeiro.

Algumas vezes deparamos inesperadamente com o significado de nossa contribuição. O executivo de uma empresa de equipamentos médicos foi visitar o sogro no hospital. O senhor idoso, deitado na cama, estava ligado a um respirador fabricado pela empresa desse executivo. "Parado naquele quarto, percebi o que a nossa empresa significava", ele comentou. "Ao ver o meu sogro sendo mantido vivo pelo nosso produto fiquei grato a todos os meus colegas de trabalho. Percebi o que realmente significava o que fazíamos."

Recentemente, encontramos um modo simples de ajudar as pessoas a descobrir o significado mais profundo de seu trabalho. Em meio a uma costumeira reunião para a formação de equipes, introduzimos uma pequena mudança em nosso questionário. Em vez de perguntar o que a equipe hierarquicamente superior pretendia alcançar para a empresa, nós perguntamos: "Que legado você gostaria de deixar para a sua comunidade? Para a sua empresa? Para os seus clientes? Para os seus funcionários? A substituição da palavra "resultados" pela palavra "legado" promoveu um tipo de raciocínio diferente. Os membros do grupo disseram coisas como: "A criação de empregos para as pessoas de nossa pequena cidade", "Permitir que as famílias mantenham a próxima geração aqui", "Possibilitar o trabalho num local que desenvolva o espírito", e assim por diante.

Pensar a respeito dos resultados que pretendemos alcançar é muito diferente de nos concentrarmos no legado que queremos deixar. A própria linguagem que usamos pode obscurecer ou iluminar o significado mais profundo dos nossos esforços. Por que não tentar esse processo no seu local de trabalho, começando por você mesmo: Qual você gostaria que fosse o legado de sua equipe de líderes? Além das visões de melhor e maior, qual é o objetivo superior e o impacto duradouro do seu trabalho? Muitas vezes, é a compreensão do propósito mais elevado que incute entusiasmo nas tarefas de cada dia que devem ser executadas para que uma empresa comercial se mantenha competitiva.

A contribuição está onde você a encontra

Ao contrário do executivo da empresa que fabricava o respirador, a maior parte de nós não lida com atividades ligadas à vida ou à morte. Felizmente, a alma não exige esses altos riscos para provocar uma sensação de significado. A alma não requer uma oportunidade de salvar o mundo para descobrir propósito e satisfação. Em vez disso, a alma desperta em resposta ao serviço, não importa quão "pequeno" seja o esforço. Madre Teresa afirmou: "Não há grandes atos. Há somente pequenos atos realizados com grande amor."

O Caminho da Contribuição estabelece uma conexão de nossas pequenas ações diárias com aquele amor maior ou serviço do qual participamos. Para o encarregado de processamento de dados de uma grande universidade isso significa fazer com que seu trabalho mantenha ordenados os registros dos alunos e ajudá-los a alcançar seus objetivos na vida. Para um alto executivo de uma cadeia internacional de hotéis, significa lembrar a seus gerentes que estes não estão apenas obtendo lucros para a empresa ou pontos para a sua promoção. Como líderes, estão lá para servir às pessoas que servem a seus hóspedes.

Pessoas e não papel

Ao seguir o Caminho da Contribuição, uma empresa instituiu uma campanha que denominou "Pessoas e Não Papel", com o objetivo de mudar a maneira como os representantes da assistência técnica encaravam o relacionamento baseado em comunicações telefônicas que tinham com os clientes. Nunca ver o cliente face a face poderá criar uma sensação de distanciamento e levar a relacionamentos impessoais e mecânicos. O presidente nos disse: "Queríamos enfatizar que cada chamada telefônica que recebemos é, na verdade, o chamado de uma pessoa. A menos que possamos ver esse cliente como uma pessoa, de forma profissional e compreensiva, não seremos capazes de resolver seu problema técnico ou humano. E no nosso campo de atividade, esses dois problemas vêm sempre juntos."

Reuniões mensais com clientes foram estabelecidas e pessoas reais, que antes eram apenas vozes ouvidas através do telefone, começaram a ir à empresa para falar sobre o que significava estar do outro lado da linha. Um dos funcionários comentou: "É útil ouvir do cliente, diretamente, sobre o que funciona ou não. O que eu faço todos os dias afeta a vida dele. Vê-los pessoalmente mudou a minha opinião sobre a nossa empresa."

Empresas que trilham o Caminho da Contribuição precisam encontrar meios de amplificar a voz do cliente, de forma que todas as pessoas dentro da empresa possam ouvi-la. Como é a voz do cliente ouvida na sua empresa? De que maneira as pessoas aprendem que importância tem seu produto ou serviço para os outros? Como os funcionários ouvem dos clientes: "Essa é a importância do seu trabalho para mim!"?

Servir além das paredes da empresa

A primeira cena do filme *City Slickers* retrata o personagem de Billy Crystal falando a respeito daquilo que faz no trabalho à classe de segunda série de seu filho. Ele é um executivo, encarregado das contas de publicidade de uma emissora de rádio. Sua tentativa de explicar o seu trabalho para um grupo de crianças de oito anos torna-se um exercício torturante de auto-revelação. "Eu vendo tempo. Vendo tempo no ar", ele resmunga para a classe impassível. Em seus rostos inexpressivos ele vê a falta de propósito naquilo que faz. "Eu vendo ar", ele conclui com uma careta. Sabemos que em seu íntimo, sua alma está chorando.

Obviamente, nem todos os trabalhos têm o mesmo valor ou potencial intrínseco de serviço e contribuição. Alguns de nós podem concluir, como o personagem de *City Slickers*, que "vendemos ar". Nesse sentido, algumas empresas levam vantagem sobre outras ao seguir o Caminho da Contribuição. Existem até situações nas quais a alma reconhece que o trabalho exerce uma ação destrutiva sobre a comunidade ou sobre o meio ambiente global. O que os dirigentes podem fazer nas empresas onde o produto ou serviço não parece representar uma contribuição? Como uma empresa desse tipo encontra meios de apelar para o comprometimento mais profundo que a alma requer?

Em primeiro lugar, é fundamental compreender que todos os locais de trabalho oferecem um potencial para servir nos momentos de comunicação entre as pessoas. O que quer que façamos — seja salvar vidas como bombeiro ou entregar *pizzas* — há momentos de encontro humano que têm potencial para manifestar a graça e a compaixão. Como a experiência que John teve na agência postal em Chicago, se os seus olhos estiverem focalizados no serviço, existirão oportunidades dentro das situações mais improváveis.

Quando a atividade de produção de uma empresa tem um impacto negativo sobre a sociedade ou sobre o meio ambiente, contudo, temos de ir além do objetivo comercial normal para criar um autêntico propósito de contribuição e significado. Um exemplo disso é uma empresa de serviço público da Nova Inglaterra que solicitou a participação dos trabalhadores na decisão de plantar um milhão de árvores na América Latina, como uma forma de compensar os poluentes que suas instalações lançam na atmosfera. Ao mesmo tempo que reconhecem que a energia é importante para a sociedade, eles também têm consciência de que seu processo industrial prejudica o meio ambiente. Esse projeto de plantio de árvores foi uma maneira de seguir o Caminho da Contribuição, que prosseguia para além do trabalho em si mesmo. Algumas empresas importantes oferecem aos seus executivos um ano de licença a cada sete anos para que estes participem de serviços sociais ou atuem em órgãos de desenvolvimento comunitário. Outras empresas incentivam seus funcionários a trabalhar com organizações como a *Habitat for Humanity*, que constrói casas de moradia para populações carentes.

O vínculo dessas atividades com os resultados comerciais não é direto. Nenhum método de contabilidade pode avaliar como esses esforços contribuem para o comprometimento, a motivação, a criatividade ou o desempenho. Nesse sentido, dirigentes esclarecidos que levam o Caminho da Contribuição para além das paredes da organização estão realizando um ato de fé.

Entretanto, cada um de nós sabe, pessoalmente, que à medida que a alma desperta, ela infunde energia e poder em nossas ações. Talvez tenhamos somente de perguntar a nós mesmos como nos sentimos da última vez em que realmente acreditamos que estávamos contribuindo.

A alma rejeita o medo

O avô de John ensinou-o a distinguir entre o bom e o mau cansaço. Muitas pessoas em nossas empresas conhecem hoje os efeitos do mau cansaço. Elas trabalharam muito e durante um longo tempo, apenas para se perguntar depois se o tempo, a energia e o esforço que dedicaram ao trabalho produziu algo de valor duradouro. Em um clima de fazer mais com menos é muito fácil para os dirigentes enfatizar que "nossos empregos estão ameaçados", como uma razão para o aumento do comprometimento. Porém, as táticas de intimidação, independentemente de serem "realistas", não servem de inspiração para a alma. Os dirigentes são chamados a encontrar um meio de conectar os desafios realísticos do mercado com o propósito superior do ambiente de trabalho em suas mensagens para os funcionários. Destacar os desafios "realísticos" conduz à indiferença e ao desgaste. O excesso de ênfase no "realístico" e no "propósito mais elevado" leva à descrença, ao medo, à indiferença e ao desgaste. O compromisso e o entusiasmo podem ser despertados no trabalho, mas o estimulante básico para liberá-los é unir os objetivos comerciais e propósitos mais elevados em uma única mensagem.

Uma empresa nacional de prestação de serviços médicos do Canadá defrontou-se com uma situação de diminuição de receita, mudança de expectativas e aumento de demanda. Falando para os seus 18 mil funcionários, o diretor da empresa enfatizou a obrigação deles a respeito de um futuro no qual as crescentes necessidades de assistência médica deveriam ser satisfeitas tendo por base uma diminuição de impostos.

"Nesse ambiente", disse ele, "os esforços no sentido da eficiência não se limitam a economizar dinheiro, mas também a encontrar meios de oferecer hoje um atendimento médico de qualidade, sem levar à bancarrota a próxima geração."

Sua mensagem se fundamentava nos enormes desafios do momento em uma visão mais ampla que incluía servir a geração seguinte.

Os dirigentes que realmente valorizam o significado mais profundo do trabalho vão além de fazer discursos e constroem estruturas dentro da organização que apóiam o propósito mais elevado. Eles realizam mudanças tangíveis em exigências de qualificação, políticas e procedimentos organizacionais, com o objetivo de promover o serviço e a contribuição. Nenhum "remédio milagroso" irá revelar o comprometimento da alma. Ela deseja algo em que valha a pena se envolver, algo valioso para servir, algo significativo para comprometer-se. Quando encontra essas coisas, a alma mostra-se disposta a fazer um grande esforço e a sentir um bom cansaço proveniente da jornada pelo Caminho da Contribuição.

Algumas maneiras de se iniciar a jornada ao longo do Caminho da Contribuição

1. Encontre uma forma de se aproximar de seus clientes — saia e fale com eles, grave um videoteipe deles, telefone para eles. Lembrem a si mesmos e aos outros o efeito do seu trabalho.
2. Encontre uma forma de "amplificar" a voz do cliente na sua empresa, de modo que as pessoas possam realmente ouvir o efeito do que estão fazendo.
3. Crie uma mensagem clara e simples, que integre os objetivos comerciais e o propósito mais elevado. Transforme essa mensagem em seu "grito de guerra". Repita-o com freqüência.
4. Inicie uma lista de coisas que lhe são gratificantes em seu trabalho — modos de agir que você sente que foram uma contribuição — depois observe o padrão e crie outras coisas do mesmo tipo.

5. Identifique a situação de um "cliente" comum em sua área de responsabilidade na qual os funcionários podem deixar de perceber as necessidades reais e a oportunidade de servir a esse cliente. Partilhe sua observação ou instrua os funcionários a perceberem o impacto disso.
6. Promova debates nas reuniões de funcionários, durante os quais as pessoas possam partilhar momentos em que seu trabalho foi importante na última semana. Transforme esses debates em momentos de união divertidos e genuínos.
7. Encontre uma causa "comunitária" para a qual sua empresa possa contribuir. Assegure-se de que ela irá proporcionar uma oportunidade efetiva de participação para as pessoas envolvidas.
8. Identifique o significado mais profundo do seu trabalho. Em que ele contribui para os outros? A quem você está servindo?
9. Identifique o legado que você quer deixar para os outros.

EXERCÍCIO:
ENCONTRE O SOLO SAGRADO

O Caminho da Contribuição inicia-se pelo serviço às pessoas que nos cercam. Quem você vai encontrar hoje? Clientes? Colegas? Chefes? O que você pode fazer ou dizer que seria útil para eles?

EXERCÍCIO:
AVALIAÇÃO DO PROGRESSO NO CAMINHO DA CONTRIBUIÇÃO

As afirmações abaixo permitem uma avaliação inicial do progresso que você e sua empresa já fizeram nesse caminho. Essa avaliação destina-se a orientar sua análise e não proporcionar dados quantitativos definitivos quanto ao estado da Alma de sua empresa. Responda a cada afirmação, indicando em que grau isso é verdadeiro para você, em sua situação atual de trabalho, e, a seguir, para a sua empresa.

1 = concorda plenamente
2 = concorda
3 = discorda
4 = discorda totalmente

— A voz do cliente é amplificada em nossa empresa, de forma que as pessoas possam ouvir, diretamente de seus clientes, como seu trabalho faz diferença.
— Nossa empresa possui maneiras significativas de retribuir à comunidade que envolvem os nossos funcionários direta e efetivamente.
— Como dirigente, chamo regularmente a atenção dos funcionários para a diferença que o nosso trabalho faz.
— Nossa empresa tem um sistema de avaliação para ajudar os funcionários a perceber o resultado de seu trabalho.
— Estou consciente da maneira significativa pela qual o meu trabalho contribui para um objetivo importante.
— Estou consciente dos momentos diários de encontro do solo sagrado nos quais eu posso provocar uma mudança nos outros.
— Nossa empresa celebra regularmente os momentos em que funcionários ou equipes completam um projeto ou atingem uma meta importante.
— Em nossa empresa ajudamos as pessoas a reconhecer a contribuição que nossos produtos e serviços oferecem aos outros.
— Discussões a respeito da contribuição, do serviço e das mudanças que o nosso trabalho provoca são uma ocorrência comum em nossa companhia.

Reflexão

Tendo como base as respostas anteriores, quais são as áreas de crescimento potencial para você?

Para a sua empresa?

Que ações você pratica para aprofundar seu senso de objetivo?

Que ações você irá praticar para ajudar outras pessoas a aprofundar o senso de objetivo delas?

6

O Caminho da Habilidade

Pormenores que Fazem a Diferença

Uma medida prática da participação da nossa espiritualidade no trabalho é o grau em que estamos presentes, conscientes e nos envolvemos, a cada momento, com a tarefa que temos em mãos. Só pelo envolvimento com o momento presente poderá haver evolução na jornada da alma. Se o nosso corpo for a única parte de nós presente numa reunião, e 75% de nós estiverem esperando impacientemente no estacionamento, haverá pouca esperança de despertar a Alma da Empresa. Enquanto estivermos sentados diante da nossa mesa de trabalho sonhando acordados com outros tempos e outros lugares, não poderemos liberar a energia da alma em nosso trabalho. Quando as pessoas levam apenas uma fração de seu potencial para o ambiente de trabalho, existe pouca esperança de que uma organização se mantenha competitiva no mercado atual.

O Caminho da Habilidade diz respeito à criação de maneiras por meio das quais as pessoas podem estar mais envolvidas em todos os momentos do seu dia no trabalho e, assim, produzir resultados excepcionais.

> *Meu poder miraculoso e minha atividade espiritual: tirar água do poço e rachar lenha.*
>
> LAYMAN P'ANG

> *Realize cada ação como se fosse um sacramento.*
>
> BHAGAVAD GITA

Você deve estar presente

Quando uma escola local de primeiro grau organizou um sorteio com a finalidade de levantar fundos para novos programas, as palavras "Você não Precisa Estar Presente para Ganhar" foram impressas no verso de cada talão. O mesmo não pode ser dito em relação ao despertar da Alma da Empresa. Nossa presença é absolutamente imprescindível. Se não estivermos presentes, a alma também estará ausente.

Nesse sentido, trabalho é o mesmo que meditação. A tradição zen afirma que só duas atividades ocorrem em um mosteiro: ficar sentado e varrer. Ficar sentado significa a prática da meditação silenciosa, que exige uma dedicação de presença integral e concentração absoluta. Varrer significa todas as tarefas necessárias para a manutenção do prédio do mosteiro e do terreno que o cerca, exigindo igualmente uma dedicação de presença integral e concentração absoluta. As ações de ficar sentado e varrer oferecem ao praticante sincero uma porta de acesso ao despertar espiritual.

Nossas entrevistas com pessoas a respeito da espiritualidade no trabalho relembram essa proposição. Um aspecto essencial do trabalho espiritual é, nas palavras de um engenheiro, "imersão total". Algumas pessoas descreveram experiências de intemporalidade ao ficarem totalmente absorvidas no processo de trabalho. Sandra, que fazia parte do departamento de *marketing* de uma firma de alta tecnologia, referiu-se a "ficar tão absorvida no trabalho que tudo o mais desaparecia". Essa prática de total imersão e concentração direcionada a um único ponto é fundamental para aquilo que chamamos de Caminho da Habilidade.

O fim não está próximo

O Caminho da Habilidade nos leva para o processo de trabalhar no momento presente. Nesse caminho, revelamos uma intensa alegria na ação em todos os momentos do nosso trabalho, transformando até mesmo a tarefa mais mundana em uma meditação espiritual. No Caminho da Habilidade, não apenas celebramos os resultados finais; aprendemos a apreciar a jornada.

A sabedoria desse caminho está em percebermos que os resultados finais não são, na verdade, o fim de tudo. Todas as coisas fazem parte de um processo contínuo. Seguir o Caminho da Habilidade é, acima de tudo, ter prazer na jornada, apreciar o processo e participar integralmente dos momentos passageiros que formam a parte essencial do nosso trabalho.

Um exemplo perfeito desses princípios em ação é a Catedral de São João Divino, um imponente edifício de pedra, que de maneira majestosa se ergue na região oeste da cidade de Nova York. Essa magnífica estrutura, testemunho vivo do espírito humano e das glórias da habilidade manual, vem sendo ininterruptamente construída há mais de cem anos e o "final ainda não está à vista. A obra está projetada para continuar por talvez mais 70 anos. Artífices de muitos países continuam a dar forma e a renovar o prédio, gravando em pedra, trabalhando com vidro, tinta e madeira. A maioria não estará viva quando a estrutura estiver "terminada", se é que um termo como esse pode ser empregado. Como artífices, eles trabalham neste momento com diligência e amor, concentrando sua atenção, sua habilidade e seus conhecimentos na tarefa que têm em mãos.

Redefinir a conclusão

É interessante considerar como os trabalhadores podem continuar motivados quando se defrontam com um projeto que não será concluído durante sua vida. Em uma cultura que idolatra resultados e na qual os breves períodos de atenção são medidos em segundos, é fascinante observar como esses trabalhadores podem continuar autenticamente interessados em um projeto de duzentos anos, que provavelmente não será terminado antes de sua morte.

Esse é um dos segredos do Caminho da Habilidade. Nesse caminho, a motivação é obtida no momento presente gerando uma profunda sensação de conclusão. A conclusão, portanto, não significa que o trabalho terminou. Ela é redefinida para significar *participação integral*, que sempre e apenas ocorre no momento presente. Quando estamos participando totalmente, não existe lugar para dúvida, confusão, medo ou expectativa. Nesse estado de total envolvimento não olhamos para a frente nem para trás. Onde estamos, no momento presente, é mais do que suficiente. É assim que a conclusão é definida no Caminho da Habilidade. Como Albert Camus sabiamente escreveu: "A verdadeira generosidade em relação ao futuro consiste em entregar-se totalmente ao que está no presente."

É óbvio que as empresas e seus dirigentes precisam, como é de se esperar, considerar o futuro. Prever possibilidades; imaginar o que possa ocorrer; prever mudanças ainda indefinidas; criar possibilidades — todas essas modalidades de pensamento focalizado no futuro são essenciais para manter a prosperidade de uma empresa. O Caminho da Habilidade introduz uma maneira de pensar e de agir, quase empre negligenciada, que complementa a concentração no futuro. Se nos fixarmos na linha de chegada, no destino, nos resultados finais, falharemos no processo de chegarmos lá. Reconhecer o processo, celebrar os pequenos passos e apreciar os esforços diários são modos que os dirigentes podem começar a adotar com o objetivo de cultivar uma sensação de habilidade e valorizar todos os momentos de trabalho.

A alma desperta durante a execução do trabalho diário — em reuniões, telefonemas, em interações com os clientes, nas tarefas — e se esses momentos não estiverem animados pela energia o resultado final também estará inerte. Como disse um amigo: "O desafio é estarmos realmente presentes quando o nosso trabalho estiver ocorrendo." Se ao trabalho que fazemos em todos os momentos faltar a energia espiritual, ao resultado final do nosso trabalho faltará vitalidade. Muitas pessoas não estão buscando apenas significado em seu trabalho; elas também estão buscando uma experiência da presença significativa.

Atenção aos detalhes

Um dos resultados esmagadores da revolução industrial para a alma foi o desenvolvimento da "indústria sem arte", segundo Ananda Coomarswamy. O Caminho da Habilidade envolve um renascimento dos poderes criativos e artísticos da alma em cada aspecto do ambiente de trabalho e focaliza o processo de transformação de matérias-primas em produtos de utilidade e beleza. A habilidade jamais é arte por amor à arte, pois ela sempre serve a um propósito útil. Porém, sem um sentido artístico, de beleza e criatividade em nosso trabalho a alma não irá se manifestar.

A alma desperta em presença da compreensão e da integridade artística, independentemente de onde possa ser encontrada. Uma das maneiras pelas quais isso se manifesta no trabalho é por intermédio da atenção aos detalhes. Entre em um local de trabalho e observe quanta atenção se presta aos detalhes e você estará diante de um "barômetro" da alma. Tivemos essa experiência ao participar de um banquete em um dos Hotéis Marriott. Quando entramos no grande salão de baile, onde tinham sido colocadas mais de cem mesas, havia um garçom ao lado de cada mesa, com um guardanapo dobrado no braço, totalmente atento ao que se passava à sua volta. Quando todos os convidados estavam sentados, em um movimento sincronizado, os garçons inclinaram-se para saudar a multidão ali reunida. Seus rostos estavam sorridentes enquanto eles executavam aquela coreografia e os convidados responderam com aplausos espontâneos.

Em San Diego, onde moramos, no lava-rápido que se diz "mais famoso do mundo", os empregados transformam cada lavagem numa sinfonia de habilidade. Eles são, na maior parte, imigrantes recentes que recebem parcos salários para executar um trabalho que poucas pessoas se dispõem a fazer hoje em dia. Embora não haja qualquer supervisor à vista, o humor, o entusiasmo e a atenção aos detalhes que os empregados aplicam a seu trabalho fazem dessa tarefa "não-artística" uma demonstração de talento artístico.

Na Southwest Airlines, comissários de bordo sorridentes competem entre si para ver quem apresenta a versão mais engraçada do ritual de instruções de segurança. Todos apreciam isso e as pessoas realmente prestam atenção às informações que poderão lhes salvar a vida. Em outras grandes companhias aéreas essa tarefa representa simplesmente um fato rotineiro. Quando não executada por um monitor de vídeo, ela é cumprida de forma monótona por funcionários que não percebem o valor artístico em potencial que poderia estar associado a essa parte básica de seu trabalho.

Como podemos começar a infundir nas tarefas diárias do nosso trabalho essa necessária vitalidade da alma? Um ponto de partida é redescobrir a habilidade em nosso trabalho que tem início quando prestamos maior atenção aos detalhes. Ao seguir o Caminho da Habilidade poderemos aprender a devotar total atenção aos detalhes do nosso trabalho e amorosamente buscar a excelência artística em tarefas aparentemente não-artísticas. Essa abordagem é descrita pelo mestre de meditação contemporâneo, Thich Nhat Hanh, que disse: "Cada ato deve ser executado com total atenção. Cada ação é um ritual, uma cerimônia."

A palavra habilidade pode parecer arcaica, inadequada aos desafios com que se defrontam as empresas modernas. Porém já vimos como, pela restauração do conceito de habilidade, as pessoas elevam seu nível de desempenho e entusiasmo. A alma é sensível à reincorporação de um sentido estético e de harmonia ao ambiente de trabalho. Transformar cada ação num ato de beleza, o que poderá parecer deslocado em um mundo concentrado na rapidez e na eficiência, é fundamental ao Caminho da Habilidade. Como disse Gandhi: "A vida é mais do que aumentar a sua velocidade."

O Caminho da Habilidade traz à tona algumas questões básicas: Como a nossa empresa está ajudando as pessoas a introduzir um aspecto artístico em seu trabalho? O que está sendo feito para reforçar a capacidade de observar os detalhes?

O trabalho com matérias-primas

Todos os processos de trabalho envolvem a transformação de matérias-primas em produtos de utilidade e beleza. As matérias-primas de uma atividade podem ser tangíveis como chapas de metal, enquanto que em outras elas poderão ser tão abstratas como números ou palavras. Todos nós trabalhamos com um conjunto de matérias-primas, independentes de sua relativa solidez. Ao seguirmos o Caminho da Habilidade é necessário determinar as matérias-primas com as quais vamos trabalhar.

Em nosso caso, como conferencistas, as matérias-primas que usamos são idéias, tons e ritmos de voz, palavras e gestos corporais que utilizamos quando nos comunicamos com o nosso público. A habilidade de falar envolve a fusão dessas matérias-primas e uma apresentação útil e instigante.

Tendo-se determinado as matérias-primas da pessoa, o próximo passo no Caminho da Habilidade é identificar o que significaria a combinação desses elementos de uma maneira definitivamente útil e bela. Como seria o seu trabalho se ele combinasse as mais elevadas expressões de utilidade e beleza? O que significaria ser Picasso ou Mozart em seu campo de atividade? Martin Luther King Jr. afirmou: "Se for chamado para ser varredor de ruas, você deveria varrer as ruas como Michelangelo pintou, como Beethoven compôs música ou como Shakespeare escreveu poesia."

Ao requerer que pensemos em termos de superlativos e beleza, o Caminho da Habilidade pede-nos que elevemos nossos padrões de desempenho e nos esforcemos para colocar arte até mesmo no processo de trabalho mais mundano. Gostamos muito das palavras de Abraham Maslow, pioneiro no campo do desenvolvimento humano, que afirmou: "Uma sopa de primeira ordem contém mais criatividade do que uma pintura de segunda." Ainda que o nosso trabalho não seja do tipo que é exposto em museus ou gravado em CDs, ele representa a nossa habilidade, o veículo por meio do qual nossa criatividade pode se manifestar.

Libere as forças criativas

A alma é por natureza criativa. Essa criatividade pode ser trazida à tona por meio de padrões de habilidade claramente definidos — padrões que incluem um senso de utilidade e beleza. A alma quer vir à tona para expressar-se e manifestar sua riqueza interior. Nossa experiência em ajudar as empresas a melhorar na área de serviço ao consumidor ilustra como a Alma da Empresa desperta quando as pessoas estão empenhadas no estabelecimento de altos padrões estéticos por si mesmas.

As mudanças no serviço ao consumidor começam com a criação de um grupo administrativo composto de membros da equipe de funcionários cujo desempenho é de alto nível, recrutados em todos os escalões da empresa, dando-se mais peso à linha de produção. Esse grupo de pessoas já está no Caminho da Habilidade; são os homens e mulheres que desempenham suas funções com habilidade dentro da empresa. Como tal lhes é atribuída a tarefa de melhorar o padrão do serviço ao consumidor no âmbito de toda a empresa. Nós as ajudamos a fazer isso por meio de um processo subdividido em três estágios:

Estágio 1: O grupo entrevista clientes com o objetivo de identificar o que um excelente serviço significa para eles, como consumidores
Estágio 2: A seguir, o grupo define novos padrões de serviço ao consumidor, baseados nas informações dos clientes e em sua própria concepção de um bom serviço.
Estágio 3: O grupo comunica esses novos padrões, em parceria com a esfera administrativa, a toda a companhia.

Em todas as empresas com as quais trabalhamos, duas coisas interessantes ocorreram como resultado desse processo. Primeiro, o serviço melhorou quando esses membros do quadro de funcionários convenceram seus colegas que um novo nível de desempenho era tanto necessário como estimulante. Segundo, um senso de entusiasmo e dedicação emergiu naquelas empresas, muitas das quais tinham sido burocracias onde a pulsação da alma havia diminuído há muito tempo para tornar-se quase imperceptível.

Em muitas tradições de sabedoria, a alma é comparada com um poço. Aqueles de nós que já acamparam sabem que para tirar água de um poço precisamos primeiro colocar uma pequena quantidade de água nele. Tendo-se injetado a água na bomba, os recursos abundantes do poço são liberados. Altos padrões de habilidade profissional, de cuja criação as próprias pessoas participam, representam a água injetada da Alma da Empresa. Depois de injetar esses padrões podemos passar à ação, começando a bombear, e observar a criatividade, o entusiasmo e a energia da Alma da Empresa verter abundantemente.

A habilidade é eterna

Durante os nossos momentos de maior concentração no Caminho da Habilidade, o tempo é interrompido. Isto é ilustrado por uma experiência que Dan, um extraordinário projetista de *chips* de computador, nos relatou. Ele estivera trabalhando intensamente durante muitos dias num novo produto e gradualmente viu-se "aprofundando tanto no projeto que eu não estava mais sentindo o tempo normal de todos os dias. Simplesmente, abandonei o relógio e me transferi para um lugar de pensamento puro. Novas idéias e soluções pareciam fluir para a minha mente sem nenhum esforço". Dan havia descoberto o que o poeta T. S. Eliot chamou de "o centro imóvel dentro do mundo em movimento".

Todas as tradições de sabedoria falam desse centro imóvel. Ele é o lugar onde ocorrem a transformação e a criatividade. Descobertas tecnológicas, de estratégia de mercado, processos de trabalho e dinâmica interpessoal se originam nesse lugar, que é o centro da alma. Quando uma pessoa se encontra nesse ponto imóvel, o tempo como ele é medido normalmente deixa de existir. Muitos atletas descreveram suas experiências ao acessar essa zona intemporal, onde descobriram um reservatório de energia virtualmente inesgotável. Místicos o têm descrito como um lugar de iluminação e plenitude. Embora escreva-se pouco freqüentemente a seu respeito, esses momentos ocorrem também no contexto do trabalho. O Caminho da Habilidade cultiva a nossa familiaridade com esse ponto imóvel, encorajando-nos a praticar a absorção atenta no trabalho que estamos executando. A atenção concentrada da pessoa habilidosa é semelhante à mente concentrada do mestre zen ou yogue. Pois quando nos tornamos atentamente absorvidos em nosso trabalho, estamos praticando uma forma de meditação em ação.

Efeitos da mente dispersiva

Imaginem uma organização cheia de trabalhadores cujas mentes são dispersivas, distraídas e alheadas. A seguir, imaginem o oposto, um local de trabalho em que as pessoas estejam concentradas, participem integralmente e permaneçam atentas. As diferenças em termos de qualidade de trabalho e de qualidade de dedicação são óbvias.

As tradições de sabedoria são enfáticas no que se refere aos efeitos negativos de uma mente dispersiva sobre o trabalho e o eu. A dispersão mental destrói a nossa capacidade para nos conectar com qualquer sentimento de totalidade ou para nos envolver efetivamente com o momento presente. A mente dispersiva deixa-se distrair facilmente, não consegue resolver problemas e habitualmente fica perdida no passado ou se preocupa com o futuro. Uma mente desse tipo é terreno fértil para o cultivo de problemas interpessoais e de desempenho.

As tradições de sabedoria sugerem que o primeiro passo para a superação das tendências negativas da mente dispersiva é reconhecer a diferença entre a experiência de concentração atenta e a de mente dispersa. O passo seguinte é esforçar-se e empreender ações que encorajem a presença atenta, particularmente em situações nas quais isso seja mais desafiador.

Esteja presente agora

Quando a divisão de semicondutores de uma empresa internacional de comunicações estava sendo submetida a uma importante renovação organizacional, seus funcionários passavam bastante tempo em reuniões de grupos. Reconhecendo que as reuniões tendiam a se tornar "estranhos encontros de mentes ausentes", em que as pessoas se sentam e conversam, mas não ocorre nenhuma atividade útil, a empresa como um todo adotou o *slogan* "Esteja Presente Agora". Cartazes com o *slogan* foram colocados nas salas de reunião mais importantes. As apresentações começavam com um *slide* contendo essas palavras, para lembrar às pessoas que estas deveriam estar totalmente presentes física, mental e espiritualmente, de forma que a transformação organizacional fosse bem-sucedida. Como qualquer pessoa que tenha participado de muitas reuniões sabe, a capacidade de "Estar Presente Agora" não é um feito simples.

Uma das tarefas do dirigente no Caminho da Habilidade é manter um grau razoável de equilíbrio da atenção. Gostamos de brincar, dizendo que liderança significa estar pelo menos 51% presente. Essa pode parecer uma porcentagem baixa, porém a observação cuidadosa de um local de trabalho irá revelar que o desempenho da maior parte das pessoas está bem abaixo da marca dos 50%, em termos de presença atenta. É óbvio que, quando a Alma da Empresa começa realmente a despertar, as exigências para que os dirigentes se interessem pelo seu próprio desenvolvimento aumentam. Dirigentes que não estão espiritualmente presentes não podem, de fato, ajudar outras pessoas a modificar o estado de dispersão de sua mente e transformá-la numa mente desperta.

Amor pelo que se faz

Ouvimos Ken Blanchard, uma autoridade em administração, repetir as tradições de sabedoria ao afirmar, "Quando uma pessoa está trabalhando movida por sua paixão perde a noção do tempo". As empresas que apóiam as pessoas a encontrar o seu verdadeiro trabalho, a sua paixão, estão habilmente encorajando o aperfeiçoamento do trabalho no qual elas estão concentradas e envolvidas.

No Caminho da Habilidade, estamos buscando aquilo que chamamos de amor pelo que se faz. Quando estamos concentrados em um determinado trabalho o nosso corpo relaxa e absorvemos energia em abundância. É uma reação física ao fato de estarmos em sincronia. Para uma pessoa isso pode acontecer quando ela está trabalhando com números. Trabalhar com números é a paixão de suas mãos. Para outra, isso poderá acontecer pelas conversas que ela tem com os clientes. Ela gosta de falar sobre o seu produto, resolver problemas do consumidor e fechar contratos. Vender é a paixão de sua vida.

Quando encontramos a paixão pelo que fazemos teremos encontrado o processo de trabalho que coloca nossa alma em atividade. É interessante notar que, à medida que a alma desperta, sentimos mais energia e mais tranquilidade. Dispomos de mais energia para investir em nosso trabalho, pois ele é alimentado pelo amor. Temos também uma sensação de tranquilidade interior, de equilíbrio e de harmonia. Não estamos indo contra a nossa própria natureza. O Mestre budista Layman P'Ang escreve: "Minhas tarefas diárias são absolutamente comuns; mas eu estou em total harmonia com elas. Minha força miraculosa e minha atividade espiritual: tirar água do poço e carregar lenha." Descobrir o amor pelo que se faz é como acordar para algo que sempre conhecemos. Há uma parte de nós que já conhece o que gostamos de fazer. A realização desse trabalho traz o nosso corpo e a nossa mente para o momento presente. Despertamos para o milagre constante do trabalho executado.

A morte de uma alma

Muitas pessoas desconhecem totalmente o trabalho que alimenta a sua alma. Elas não se lembram do amor pelo que fazem, e seu corpo e sua alma sofrem. Na famosa peça teatral de Arthur Miller, *A morte do caixeiro-viajante*, o anti-herói

Willie Loman é uma figura trágica, um caixeiro-viajante ambicioso com potencial limitado que não conseguia progredir e foi finalmente despedido pela empresa para a qual trabalhava. Ao escrever a obra na década de 50, Miller estava à frente de seu tempo quando descreveu a propensão das companhias para despedir funcionários de meia-idade, em um momento em que suas almas se encontram mais vulneráveis. Contudo, a verdadeira tragédia da peça só é revelada na última cena, depois dos funerais de Loman, que cometeu suicídio. Nessa cena final, o filho de Willie, Biff, reconhece a tragédia essencial da vida do pai: Ele passara toda a sua vida como vendedor, mas gostava na verdade de trabalhos manuais. Willie gostava de usar as mãos no trabalho, e ao tentar ser um vendedor havia destruído sua alma e perdido sua vida.

Como podemos saber se estamos trabalhando em uma atividade que não é inata à nossa alma? Para muitos, essa desarmonia interior se manifestará como uma persistente impressão de estar no lugar errado. Para outros, ela se apresentará como uma sensação de estar subindo uma ladeira, permanentemente em batalha com as probabilidades, sem jamais ganhar terreno. Para quase todos, haverá a incapacidade de se envolver prazerosamente no momento presente. Quando o nosso trabalho não obedece à nossa verdadeira inclinação, não conseguimos dar um passo, nas palavras de Rumi, "para fora do círculo do tempo e para dentro do círculo do amor". Em vez disso, ficamos observando o relógio.

A busca do amor pelo que fazemos poderá começar pelo reconhecimento das atividades durante a realização das quais o tempo pára. Quais são os processos de trabalho naturalmente atraentes, infinitamente interessantes e que nos estimulam? A observação dessas indicações nos faz progredir no Caminho da Habilidade.

As empresas e o amor pelo que se faz

Dirigentes e administradores podem ajudar as pessoas a trilhar o Caminho da Habilidade, encorajando a prática da conscientização. Os dirigentes e as empresas podem também encorajar as pessoas a descobrir o amor pelo que elas fazem, usando de franqueza a respeito de seu desempenho no trabalho. Quando observamos alguém lutar com uma carreira que claramente não corresponde à sua natureza, talento ou alma, temos a responsabilidade de lhe dizer. Ao observarmos o desempenho das pessoas, torna-se claro que alguns trabalhos despertam a alma e outros a fazem adormecer. Isso é particularmente crucial quando alguém está começando uma carreira e ainda não adquiriu muita confiança. Informações oportunas a respeito do resultado de suas atividades poderão proporcionar o necessário redirecionamento.

John teve uma experiência desse tipo em sua profissão inicial, de ministro. Ele gostava de pregar e ensinar, mas parecia não se adaptar às outras partes de sua função como ministro de uma paróquia. Foi uma senhora idosa e gentil que o alertou após um sermão de uma manhã de domingo; ela lhe disse: "Filho, você não foi talhado para fazer visitas. Quando veio à minha casa na semana passada pensei que você ia adormecer. Porém, quando você está no púlpito, é uma beleza. Falar é a sua paixão." Suas palavras soaram verdadeiras. Essa informação, comentários semelhantes de outras pessoas e suas mudanças interiores levaram John do ministério para uma nova carreira como palestrante e consultor administrativo.

As empresas também podem ajudar as pessoas a seguir o Caminho da Habilidade não se apressando em concluir o processo de contratação, com o objetivo de determinar não apenas se alguém pode executar um trabalho em particular, mas também onde se encontra a paixão dessa pessoa. O que significaria pedir aos empregados em perspectiva para identificar os momentos nos quais eles se sentiam no melhor de sua forma em sua profissão? Pela identificação de momentos e lugares em que o melhor de si estava presente, o candidato à vaga e o entrevistador poderão determinar se o emprego em questão poderá oferecer oportunidades que irão despertar a alma desse funcionário.

Aprender não é tedioso

A palavra chinesa para tédio consiste de dois caracteres: coração e matar. O tédio mata o coração. Triste mas verdadeiro. Quando o trabalho torna-se limitado, a ponto de não poder acomodar a alma, quando as tarefas tornam-se tão repetitivas que não sobra mais espaço para variações ou criatividade, o coração e a alma são mortos pelo tédio.

O Caminho da Habilidade oferece um antídoto para esse terrível estado sob a forma de um contínuo aprender. O desenvolvimento de nossa habilidade e de nossos méritos exige que continuemos a aprender e a aumentar nossas capacidades. O próprio termo *craft* [habilidade, em inglês] vem do alemão *Kraft*, que significa "força, poder", e implica a manifestação de nossa força interior. Ter como meta a habilidade significa trazer à tona, perpetuamente, os nossos poderes interiores. E isso quer dizer que devemos estar sempre aprendendo.

Empresas que adotaram a filosofia de contínuo aprendizado já estão cumprindo essa parte do Caminho da Habilidade. Elas estão ministrando a seus funcionários treinamentos regulares de especialização tanto técnica como não técnica, de alternância de tarefas e reestruturação do trabalho. Na maior parte das empresas com uma visão mais avançada, o aprendizado vai bem além dos parâmetros usados na descrição das funções.

Em nossas entrevistas com trabalhadores sobre a Alma da Empresa, um dos temas comuns era o desejo deles por novos desafios. As pessoas afirmam que seus 150% se manifestam quando é exigido um maior esforço por parte delas e seu trabalho as leva para novas áreas de habilidade. Por exemplo, mineiros de carvão, empregados de uma grande empresa geradora de energia, organizaram uma força-tarefa que decide onde investir o fundo de pensões da empresa. Os mineiros tiveram de adquirir miríades de novos conhecimentos, relacionados com análise econômica, desempenho financeiro e previsão de mercado. Para os dirigentes cuja visão não inclui a Alma da Empresa, poderá parecer irrelevante que esses homens estejam envolvidos em um trabalho desse tipo, porém a compreensão do Caminho da Habilidade revela que essas atividades trazem inúmeros benefícios. Os próprios mineiros falam do seu mais profundo senso de responsabilidade e propriedade, o que dá forma a tudo que fazem em seu trabalho.

Em outro caso, a função de atendente em hospital foi redefinida para incluir, entre as suas tarefas, atividades que os colocam em contato mais direto com os pacientes, uma vez que eles passaram a colher sangue, verificar os sinais vitais e ajudar a transportar pacientes.

Se um vendedor recebe uma nova incumbência para ajudar o departamento de produção a descobrir como incorporar uma perspectiva maior de vendas em seus projetos de produtos, ocorre um enriquecimento mútuo. Tanto o pessoal de vendas, quanto o de produção começam a ouvir e a aprender. Eles passam a ver a situação sob um novo prisma. Todos os grandes mestres reconheceram que o aprendizado constante é o que alimenta a alma. O lema de Michelangelo era: "Ainda estou aprendendo." Os dirigentes precisam perguntar a si mesmos se a prática do aprendizado contínuo é encorajada em sua empresa.

Instinto natural

Como pais de seis crianças, somando-se todos os nossos filhos, pudemos assimilar muitas coisas sobre o processo de aprendizagem, observando-os. Em seus primeiros anos, como todas as crianças, nossos filhos e filhas demonstravam uma intensa curiosidade, que os levava a estender as mãos, procurando descobrir o mundo e as suas próprias aptidões. Era sempre fascinante vê-los testando os limites de cada objeto, passível de ser golpeado, movido, raspado ou mastigado. Cada momento e cada tarefa recebiam sua total atenção, e eram assumidos sem nenhum anseio por algo mais grandioso. O aprendizado incluía um êxtase pela capacidade de explorar e descobrir os seus poderes inatos.

O comportamento das crianças tem muito a nos ensinar a respeito da alma em ação. Na etapa inicial e mais natural de nossa vida, gostamos de aprender, de dominar um assunto, de explorar. Empenhamo-nos até termos aprendido e depois queremos ampliar ainda mais esse aprendizado. Encaramos cada momento integralmente, colhendo alegria até na tarefa mais simples.

O Caminho da Habilidade está relacionado com a recuperação desses instintos naturais — o desejo de aprender, a atenção concentrada nos detalhes e o mergulho do eu no momento presente de trabalho. Se quisermos despertar a Alma da Empresa precisamos começar a criar ambientes de trabalho nos quais as pessoas possam ampliar suas aptidões, onde a descoberta do amor pelo que fazemos seja respeitada e onde todos nós — como crianças imaturas — possamos nos desligar do tempo e nos concentrar no momento presente.

Algumas maneiras de começar a trilhar o Caminho da Habilidade

1. Que tarefas e atividades revelam o que há de melhor em você? Elas poderão ajudá-lo a definir o amor pelo que você faz. Agora, pergunte-se como poderá aumentar o número dessas tarefas no seu emprego atual.

2. Prepare um programa que leve os funcionários a descobrir quais são as suas habilidades e inclinações. Ajude-os a assumir a responsabilidade de levá-las para o seu trabalho.

3. Identifique uma nova habilidade/área de especialização que você gostaria de explorar. Descubra um projeto que o leve a esse novo campo. Constantemente, procure meios de proporcionar aos funcionários a oportunidade de fazer o mesmo. Uma maneira simples é o intercâmbio de tarefas entre eles!

4. Seja mais franco e honesto com seus colegas e subordinados. Quando vir seus olhos brilhar, diga-lhes o que está vendo. Quando vir seus olhos tornarem-se sombrios, transmita-lhes isso também. Em determinados momentos, reúna a coragem necessária para dizer: "Não creio que este seja o seu lugar!"

5. Descubra maneiras de conseguir aperfeiçoar o trabalho deles. Ajude os funcionários a identificar formas de obter maior qualidade artística em seu trabalho diário. Eleve os padrões ou, melhor, faça com que os seus empregados identifiquem uma forma de promover um maior aperfeiçoamento. Descubra novas maneiras de lidar com os detalhes.

6. Descubra uma maneira de fazer com que seus trabalhadores se envolvam em novas áreas de especialização, onde eles possam até ficar surpresos com a própria capacidade. Qual é o equivalente dos mineiros que cuidam do fundo de pensão na sua organização?

EXERCÍCIO:
AVALIAÇÃO DO PROGRESSO NO CAMINHO DA HABILIDADE

As perguntas a seguir permitem uma avaliação inicial do progresso que você e sua empresa já fizeram nesse caminho. A avaliação destina-se a orientar sua análise e não a fornecer quantitativos definitivos do estado da Alma da sua Empresa.

Responda a cada pergunta, indicando em que grau a afirmação é verdadeira para você na sua situação no emprego atual e para a sua empresa.

1 = concorda plenamente
2 = concorda
3 = discorda
4 = discorda totalmente

— Em meu emprego atual, perco com freqüência a noção de tempo.
— Procuro meios de elevar o nível de aperfeiçoamento das tarefas que executo.
— Em meu emprego atual, sinto que gosto do que faço.
— Quando percebo que estou distraído, esforço-me para voltar a me concentrar no que estou fazendo.
— Nossa empresa adotou um método que permite que seus funcionários avaliem suas aptidões e interesses.
— Na nossa empresa, os funcionários são incumbidos de realizar tarefas diferentes das atribuídas ao seu cargo atual (em todos os níveis).
— Na nossa empresa, prestamos atenção aos detalhes.

Reflexão individual e ação

Usando a avaliação acima, quais são algumas das ações que você poderia empreender imediatamente para poder trilhar mais integralmente o caminho do eu no seu trabalho? Tente identificar duas ações que lhe permitam dar início ao processo, em oposição a um grande número de ações que não serão implementadas.

Reflexão em grupo e ação

Se toda a sua equipe de chefia estiver lendo este livro, usem essa miniavaliação e as perguntas como um grupo. Do mesmo modo que acontece no caso de qualquer mudança, comecem com algumas idéias viáveis que vocês poderão e irão adotar.

EXERCÍCIO:
A ALMA NO MOMENTO

Reflita durante alguns minutos sobre as atividades diárias em seu emprego atual. O que significaria tratar cada uma dessas atividades como se elas fossem sagradas? Como poderia executá-las de forma diferente ou considerá-las de maneira diferente se reconhecesse que a Alma da Empresa só se manifesta por meio dessas tarefas diárias?

EXERCÍCIO: O AMOR PELO QUE SE FAZ

Lembre-se de algum projeto ou atribuição em cuja execução você sentiu que sua alma estava envolvida. Que tarefas você estava realmente executando?

O que atraiu seu interesse nessas tarefas?

Outra maneira de ter acesso ao amor pelo que você faz é organizar uma lista de todas as atividades que você desempenha em seu emprego atual (falar com clientes pelo telefone para resolver problemas, escrever manuais, coordenar reuniões e assim por diante). Depois de preparar essa lista, atribua valores para cada tarefa, com referência ao nível da sensação de perda da noção do tempo que você sentiu ou de que ficou naturalmente concentrado enquanto desempenhava a atividade.

7

O Caminho da Comunidade

A Criação de Equipes não Salvará sua Empresa

Victor Coal and Lumber é uma empresa comercial, pertencente a uma mesma família e administrada por sua terceira geração. O avô da esposa de Eric, Roger Johnson, criou a empresa construindo grandes tanques d'água de madeira há mais de cinqüenta anos. A geração seguinte expandiu-a, passando a negociar com madeira e carvão. Hoje, o neto do fundador fornece para construtoras, empreiteiras e particulares, desde vigas de madeira até móveis de jardim.

No âmbito da família, essa empresa que já dura três gerações, sempre foi simplesmente chamada de "a loja". Todos os seus empregados e a maioria dos clientes provêm das pequenas cidades vizinhas. Uma transação típica na loja inclui partes iguais de negociações e conversas corriqueiras — o tempo, colheitas e notícias da família e dos amigos. Numa casa de comércio do interior como essa, é fácil perceber as múltiplas conexões que há entre trabalho, família e a comunidade em geral. É fácil sentir uma intimidade social, baseada mais em termos humanos do que econômicos. A loja faz parte de uma comunidade e há uma comunidade dentro da loja.

> A principal ilusão da humanidade
> é supor que uma pessoa
> está em determinado lugar
> e as demais estão em outro.
>
> YASUTANI ROSHI

> Tudo está baseado na reciprocidade.
>
> SRI YUKTESWAR

A partilha de um solo comum

Quando seus vizinhos cultivam os alimentos que você compra e prestam os serviços de que você necessita, quando você conhece os filhos e os pais de seu banqueiro e de seu barbeiro, a natureza de seus relacionamentos se aprofunda. É fácil perceber como está ligado aos outros de uma maneira que vai além das dimensões comerciais. O senso de camaradagem e o apoio mútuo que se desenvolvem em ambientes como esse têm um conteúdo espiritual. As pessoas que vivem nesse tipo de comunidade falam de ter raízes.

Esse sentido de possuir raízes, com todas as implicações de partilhar um solo comum, de estar ligado com os demais em um modo de vida, em geral está ausente no ambiente empresarial. Em vez do solo comum, poderá haver uma ênfase no plano de vida individual — a construção da carreira de alguém e a satisfação da demanda de alguém — que estimula uma implicação de separação e competição. À medida que essa separação se agrava, os relacionamentos podem ficar limitados exclusivamente aos negócios. Quando isso ocorre, nós desaparecemos como pessoas e a nossa ligação com os outros perde a qualidade que Martin Buber, renomado filósofo israelita, chamou de "encontro" — no qual reciprocamente demonstramos nossa gratidão uns aos outros dentro da totalidade do nosso ser.

Em nossas entrevistas, algumas pessoas referiram-se às suas experiências de trabalho com um conteúdo espiritual como momentos nos quais a sua ligação com os outros foi mais profunda do que a de negócios. O *Caminho da Comunidade* é uma forma de desenvolver essas ligações mais profundas com nossos companheiros de trabalho, para que a dignidade humana possa florescer.

Seguir o Caminho da Comunidade gera um novo nível de honestidade na comunicação e de uma nova visão de colaboração entre as pessoas, as filiais, os fornecedores, os distribuidores e a comunidade como um todo. A verdadeira comunidade é uma força poderosa que traz à tona o que há de melhor nas pessoas.

Todos estão fazendo isso

Equipes, criação de equipes e organização de equipes são encontradas em toda parte. A crença de que, quando as pessoas trabalham juntas, de maneira mais eficaz, a organização irá conseguir mais do que deseja gerou uma febre nacional de equipes. Alguns desses trabalhos em equipe produziram resultados positivos, porém muitos produziram decepções. Como nos disse um diretor de uma empresa classificada entre as cem maiores pela revista *Fortune*, a respeito de um projeto de implementação de equipes autogerenciadas: "Formar equipes aqui é como celebrar uma missa num refúgio da Máfia. Parece bom, mas é provável que não venha a provocar qualquer mudança." Ele estava preocupado com o fato de que a criação de equipes em sua empresa havia se transformado num ritual sem sentido. "É algo que todos estamos fazendo. Sabemos que palavras dizer, que providências tomar. Mas, basicamente, nós não estamos mudando." Esse administrador não está sozinho em sua experiência. Rituais vazios de significado ocorrem diariamente em salas de reuniões em todo o país.

Em nossos seminários para o público perguntamos quantas pessoas pertencem a empresas que estão envolvidas em algum tipo de esforço de "equipe". Noventa por cento das mãos se erguem. A seguir, perguntamos, "O que significa em sua organização quando alguém diz, 'Faça parte de uma equipe?'" Obtemos uma série de respostas que vão de "Fazer parte de uma equipe significa 'Você não está concentrado no cliente'", até "Fazer parte de uma equipe significa 'Cale-se e faça o que eu quero'". Quando o conceito de equipe é usado como uma arma para sufocar o pensamento e a expressão individual o cinismo desabrocha. A criação de equipes não deve ser um ritual vazio de sentido. Ela pode ser um meio de acesso para a comunidade. O Caminho da Comunidade eleva a formação de equipes de um ritual superficial para uma experiência vital que altera a forma de pensar das pessoas a respeito de seus relacionamentos de trabalho e da maneira como trabalham em conjunto.

O Caminho da Comunidade baseia-se na compreensão de que uma interdependência fundamental está por trás de tudo o que fazemos. Cada serviço prestado ou produto entregue é o resultado de um incalculável esforço de cooperação. Nós realmente estamos juntos nisso.

No Caminho da Comunidade nós apoiamos os outros porque sabemos que o sucesso só é possível por meio do esforço coletivo. Reconhecemos que é impossível brilhar no vácuo. Como diz Rumi: "Sua lâmpada foi acesa com outra lâmpada." Tudo que fazemos repousa no esforço de outras pessoas.

Aprender o que significa ter uma comunidade

Aprendemos a respeito do amor e dos relacionamentos a partir de nossas experiências mais antigas. O modo como nossos pais se relacionavam conosco e entre si modela a nossa visão do que o amor deve e pode ser. Da mesma forma, aprendemos o significado de comunidade a partir dos locais de trabalho em que atuamos, especialmente no início de nossas carreiras. Uma experiência inicial desse tipo ajudou John a formar sua visão de comunidade no trabalho e serve como modelo para esse caminho.

Quando John ingressou no campo da consultoria empresarial, trabalhou inicialmente com doze outras pessoas, enclausurados em uma burocracia governamental. Eles compunham o Programa de Eficiência Organizacional (PEO)*

---

* Em inglês, Organization Effectiveness Program (OEP).

para a cidade de San Diego. Embora Jonh tivesse atuado em equipes anteriormente, essa experiência foi diferente. O PEO transcendia a noção tradicional de equipes; tratava-se de uma verdadeira comunidade. O departamento era objeto de inveja para os mais de cinqüenta departamentos que ocupavam a sede do governo. A intensidade de ânimo, o nível de serviço, o talento, a criatividade e a quantidade de gargalhadas eram dignos de nota.

O que transformava esse grupo em uma comunidade dessa natureza e por que ele produzia um trabalho tão significativo? Para começar, os limites entre os aspectos profissionais e pessoais da equipe foram transcendidos de um modo que fortalecia a autêntica interdependência. Os membros da comunidade conheciam as metas uns dos outros — pessoal e profissionalmente — e incentivavam-se mutuamente para esclarecimento dessas metas sempre que as mesmas não estavam bem definidas.

Havia um sentido de apoio subjacente, que se manifestava como uma troca de informações e elogios generosos e sinceros. Embora os elogios fossem freqüentes, instituiu-se um "medidor de ponderação" que tinha como objetivo filtrar críticas dissimuladas ou falsas lisonjas.

A troca de informações era constante — boas, más e intermediárias. Existia um comprometimento para crescer e cada um esperava que todos os demais crescessem. Para se obter sucesso em um ambiente como aquele, era indispensável uma dinâmica combinação de intensa atividade, honestidade e humor. Em um ambiente no qual a reverenciada auto-imagem poderia ser desafiada a qualquer momento, o senso de humor era necessário. Nessa atmosfera de honestidade e troca de informações, as pessoas aprendiam rapidamente que a maneira como vemos a nós mesmos nem sempre corresponde à imagem que os outros têm de nós.

Rituais que reforçavam o sentimento de comunidade variavam dos sérios aos ridículos. Contudo, quer fossem disparatados ou sublimes, a valorização e a total participação eram a norma. Por exemplo, havia uma tradição segundo a qual cada membro da equipe deveria escrever um poema para o colega que estivesse celebrando seu aniversário. Isso significava receber doze poemas que, mais uma vez, variavam do circunspecto ao risível. Contudo, se o poema tivesse sido escrito de forma negligente o autor preguiçoso tinha de pagar o preço de sua ação por meio da zombaria pública.

Muitas vezes, em seus dois anos como membro daquela comunidade profissional, John ouviu comentários que o levaram à beira das lágrimas. O comentário raramente se afastava do alvo e sempre tinha por objetivo torná-lo melhor. O PEO tinha a reputação de ser uma "sociedade de admiração mútua". De fato, as pessoas naquela comunidade profissional admiravam umas às outras. A profundidade daquela admiração tornava impossível qualquer coisa diferente de um comentário honesto.

A reflexão sobre essa experiência singular sugere um modelo de comunidade no trabalho. Ela é cultivada quando as pessoas conhecem as histórias umas das outras (suas esperanças, seus medos, suas metas para a vida de trabalho). A comunidade é incentivada quando a troca de informações é realmente inerente à cultura da empresa, quando dizemos uns aos outros, com compaixão, aquilo que precisa ser conhecido se quisermos amadurecer e crescer. A comunidade influencia profundamente o desempenho quando a verdade é dita sem receio; como resultado, a empresa como um todo progride.

Um lugar de histórias

Uma das marcas de qualidade de uma empresa que trilha o Caminho da Comunidade é o fato de as pessoas partilharem suas histórias e aprenderem a apreciar umas às outras devido a algo maior do que simples resultados. A construção da comunidade começa quando expandimos o reconhecimento que temos dos outros, passando de "o que você faz" para "quem você é". Numa comunidade procuramos encontrar a pessoa que carrega consigo a função, o título e a responsabilidade de um determinado trabalho, como está ilustrado na história zen a seguir.

O governador de Kyoto foi visitar um grande mestre zen. O criado entregou o cartão do governador, que dizia: *Kitagaki, Governador de Kyoto.*

Olhando de relance o cartão, o mestre disse: "Não tenho nenhum assunto para tratar com essa pessoa. Diga-lhe que vá embora."

O criado devolveu o cartão com pedidos de desculpa.

"Este foi o meu erro", disse o governador, e pegando um lápis riscou com firmeza as palavras *Governador de Kyoto.* "Peça novamente ao seu mestre para me receber."

"Oh, é Kitagaki?", exclamou o mestre. "Quero ver essa pessoa."

O Caminho da Comunidade abre a nossa mente para entender que uma pessoa é muitíssimo mais do que o seu trabalho. Vemos a rica e complexa tapeçaria composta de múltiplas camadas que é a vida de outra pessoa. No seu livro *Leadership as an Art*, Max Dupree fala de uma visita de pêsames que fez à viúva de um antigo trabalhador de uma fábrica. Dupree descreve a revelação que ocorreu quando a viúva leu um poema que fazia parte de uma coletânea de poesias que o empregado havia escrito. Ele percebeu que há muita riqueza no íntimo de cada pessoa esperando para ser descoberta. E até que ela seja descoberta estará para sempre excluída do ambiente de trabalho.

Ao participar do piquenique anual de uma empresa que era nossa cliente, pudemos observar centenas de pessoas dançando ao som de um *blues* estilizado tocado por uma banda composta pelo vice-presidente de planejamento, um assistente administrativo, um técnico de laboratório e dois membros da equipe de manutenção do prédio. Vimos a surpreendente paixão, o talento e o entusiasmo que estava no íntimo daqueles músicos; tivemos uma visão das amplas dimensões de suas almas. O Caminho da Comunidade é construído da essência de momentos como esse, quando vemos além dos limites de nossos papéis, e vislumbramos as profundezas da alma.

Uma visão como essa faz com que deixemos de definir outras pessoas em termos de nossas próprias prioridades ou da denominação do trabalho que elas exercem, levando-nos ao reconhecimento do valor inerente em cada uma. Em vez de avaliar os outros em termos da importância de sua função, permitimos a nós mesmos ser tocados pelo valor essencial dessas pessoas.

Ser membro de uma comunidade não significa simplesmente desempenhar um papel, mas sim ser conhecido como uma alma que tem vida. Para se tornar membro de uma comunidade é necessário que a pessoa esteja aberta a censuras e a críticas, que permita aos outros conhecerem sua grandeza e suas fraquezas. Na formação de uma comunidade, colocamos mais do que a nossa competência sobre a mesa; lá colocamos também nosso coração, nossos sonhos, nossa história e nossos valores.

As expectativas de desempenho não são reduzidas quando observamos a alma do outro. Ao contrário, ocorre uma compreensão do quanto cada um de nós tem a oferecer. Torna-se uma atitude irresponsável não alertar os que estão à nossa volta quanto à grandeza que está sendo represada em seu íntimo. Quanto mais conhecermos e estivermos ligados às pessoas, mais nos esforçaremos para apoiar o seu sucesso.

Dar atenção ao sagrado que está no íntimo das pessoas

Em nossos anos de experiência em consultoria ainda não encontramos uma empresa que não quisesse melhorar sua comunicação. Os dirigentes têm esperança de que, aperfeiçoando-se a clareza da comunicação, o desempenho empresarial tornar-se-á melhor. Contudo, a comunicação "inadequada" floresce num solo de separação, no qual as pessoas vêem-se umas às outras apenas como a função que exercem. A comunicação funciona quando é formada a partir de um sentimento de comprometimento e de interdependência.

Nenhuma técnica de audição pode superar uma falta de valorização. Pelo contrário, se realmente considerarmos uma outra pessoa como sendo importante, estaremos naturalmente inclinados a ouvi-la. Por si só, a habilidade de comunicar-se não é suficiente. Essa habilidade e o talento para nos comunicarmos são as flores que desabrocham no solo da comunidade. Prepare antes um solo comunitário fértil e as flores da comunicação terão uma base para se desenvolver.

Aprofundar o diálogo

Pode-se sentir a profundidade da comunidade na profundidade dos diálogos que ocorrem entre o pessoal. As pessoas no ambiente de trabalho falam sobre as suas paixões, sonhos e metas? Elas oferecem umas às outras informações verdadeiras? Há clima na empresa para que a verdade seja dita? Se estivermos interessados em despertar a Alma da Empresa precisaremos criar comunidades que promovam formas mais profundas de comunicação. O processo alquímico que transforma um mero conjunto de indivíduos em uma comunidade espiritual não é automático.

A melhor maneira de iniciar esse processo é agir dessa forma diretamente. Utilize algum tempo durante as reuniões da empresa para realizar um verdadeiro "encontro" a fim de que todos aprendam a se conhecerem e a se reconhecerem mutuamente. Informe-se sobre seu passado educacional e profissional, sobre a história da família e objetivos pessoais. Informe-se sobre quais são os sonhos e valores que motivam as pessoas e descubra maneiras apropriadas de apoiá-las na realização de suas visões. Dessa forma, o contexto do relacionamento de trabalho muda de "Preciso que você execute essa tarefa" para "Eu o apóio em sua vida".

Outra coisa que descobrimos ser útil é permitir às pessoas que falem a respeito dos seguintes temas:

- Do que elas gostam em relação ao trabalho
- Uma pessoa que elas admiram e por quê
- O que lhes proporciona a maior sensação de realização no trabalho e fora dele
- O que elas fariam se não tivessem de trabalhar para ganhar dinheiro

Esses exercícios oferecem às pessoas uma forma de iniciar o diálogo comunitário e de indicar que "quem somos" é importante.

A respeito do que não podemos falar?

Os assuntos sobre os quais não podemos falar ou não falamos em uma empresa são, quase sempre, tão importantes quanto os que abordamos. Numa reunião administrativa, uma equipe estava discutindo um problema que envolvia o relacionamento de sua empresa com uma agência do governo e um grupo dos seus principais clientes. Tratava-se de uma questão difícil e a equipe começou a planejar uma estratégia para abordá-la. Stan, o vice-presidente financeiro, falou abertamente: "Eu acho que precisamos perguntar a nós mesmos de que modo essa estratégia se concilia com os valores e com a visão sobre os quais temos conversado nos últimos oito meses." De fato, a empresa havia divulgado recentemente um novo comunicado a respeito dos valores e da conceitualização para todos os seus funcionários. Como muitos comunicados desse tipo, aquele era pomposo e ambicioso. "Bem, o que vocês acham?", perguntou ele. Ninguém disse nada durante alguns minutos. Estava claro que a estratégia que estavam desenvolvendo conflitava diretamente com os valores e as conceitualizações que adotavam. A pergunta do vice-presidente levou a equipe a um novo nível de diálogo, que os desafiou a analisar com mais cuidado como as suas crenças se refletiam em suas ações.

Em todos os grupos existem certas idéias, tópicos e temas que se encontram à margem das discussões. Eles têm sido chamados de "não mencionáveis". O conteúdo específico desses temas não mencionáveis irá variar de empresa para empresa, mas eles terão sempre uma forte carga emocional. Existem poucos meios mais poderosos de se liberar a energia coletiva e despertar a Alma da Empresa do que a revelação e a transformação dos assuntos não mencionáveis de uma empresa. Depois do relato das nossas histórias pessoais, discutir os temas não mencionáveis leva o Caminho da Comunidade para o nível seguinte.

Na formação tradicional de equipes, as pessoas desenvolvem regras básicas, como uma maneira de modelar o comportamento dessas equipes. Porém, o estabelecimento de regras fundamentais, independentemente de quão válidas elas sejam, raramente irá catalisar a mudança interior necessária para fazer com que as pessoas progridam no Caminho da Comunidade. Isso exige que se preste atenção à vida interior do grupo, às regras ocultas não mencionáveis, aos acordos inconscientes ou não examinados que modelam o comportamento, definem aquilo que pode ser discutido e impelem a tomada de decisões. Só a mais aberta das comunidades está livre de regras ocultas. Sempre que questões de poder e controle estão presentes (quando elas não estão?), as condições são favoráveis para o desenvolvimento de regras ocultas.

Quando pedimos às pessoas para identificarem as regras ocultas que limitam sua capacidade de abordar questões críticas, tomar decisões importantes e empreender as ações necessárias, elas inicialmente ficam em silêncio. Está na natureza das regras ocultas que elas não sejam mencionáveis. São assuntos tabu, que só podem ser comentados discretamente ao lado do bebedouro ou no bar depois do expediente, e não são discutidos numa reunião de debates! Colocar as regras ocultas na mesa, simples e diretamente, é com freqüência algo que assusta no princípio. Contudo, uma vez que um grupo perceba que pode analisar com segurança sua própria vida interior, o receio de abordar essas regras se dissolve.

É necessário ter coragem para iniciar o processo. Quando Stan desafiou a decisão de seus colegas porque ela ia de encontro aos valores adotados pela empresa, estava desafiando uma regra oculta que poderia ser descrita como "valores são para ser apresentados, não necessariamente para ser vividos".

Reescrever as regras ocultas

É a natureza não expressa e não examinada das regras ocultas que lhes dá poder. Como Dorothy, no *Mágico de Oz*, fomos orientados para "ignorar aquele homem atrás da cortina!" Porém, contanto que permaneça sem se manifestar, uma regra oculta mantém seu poder invisível de moldar o destino de uma equipe ou de uma empresa.

Algumas das regras ocultas que grupos de trabalho têm identificado para nós incluem:

- Você não precisa fazer o que diz.
- Não fale sobre a sua verdadeira paixão; finja que seu emprego atual é tudo que sonhou.
- Só o chefe pode decidir (mas nós agimos como se tivéssemos chegado a um consenso).
- É aceitável estar mentalmente ausente, desde que você permaneça sentado em silêncio.
- Não se confrontem mutuamente; apenas trabalhem lado a lado.
- Não fale a respeito do seu projeto "favorito".
- Não ofereçam um ao outro informações diretas a respeito do comportamento da administração.
- Fale apenas sobre números e não sobre o modo como trabalhamos juntos.

Vistas isoladamente, essas regras parecem obviamente ridículas. Entretanto, regras ocultas evoluem com um objetivo. Invariavelmente, surgem para se transformar em meios embaraçosos e inábeis para tentar fazer com que as coisas tornem-se fáceis para um grupo.

Trabalhamos com uma equipe administrativa cuja regra oculta — "Não se confrontem" — tinha o intento positivo de minimizar ataques pessoais prejudiciais, porém com um efeito colateral limitador, de desencorajar qualquer expressão aberta de discordância.

Esse acordo implícito da equipe para se proteger da confrontação levou, finalmente, a um enorme antagonismo entre seus participantes. Sem que houvesse uma reunião sem restrições para a troca de informações, as tensões cresceram e surgiram as facções. Foi uma guerra fria. Tudo o que as pessoas queriam fazer naquele momento era confrontarem-se mutuamente. "Vamos pegar alguns tacos de beisebol, entrar numa sala e resolver isso", foi a sugestão de um dos membros da equipe. Esse é o resultado de se seguir as regras ocultas até a sua bizarra conclusão.

Encontrar a intenção positiva

Até os grupos mais inteligentes resvalam para um comportamento autolimitador. A transformação de regras ocultas restritivas exige que respeitemos e preservemos o que é positivo a respeito dessas regras enquanto, ao mesmo tempo, eliminamos seus efeitos colaterais prejudiciais. Para a equipe administrativa mencionada anteriormente, isso significava falar sobre seus receios de confrontação e estabelecer acordos proveitosos a respeito de dar e receber informações.

A eliminação dessas regras não declaradas pode liberar uma enorme energia represada dentro de um grupo. Tempo, esforço e recursos emocionais limitados ou distorcidos pelas regras ocultas tornam-se disponíveis para propósitos construtivos. Reescrever as regras ocultas permite aos membros de um grupo olharem-se num espelho coletivo, para se verem a si mesmos e escolherem maneiras mais produtivas e gratificantes de relacionar-se mutuamente.

Seguimos três etapas diferentes quando estamos transformando regras ocultas:

1. Identificar a regra limitadora. Isso é feito por meio da pergunta, "Se existe uma regra que nos limita, qual seria ela?"
2. Esclarecer tanto a intenção positiva quanto os efeitos negativos da regra oculta. Todas essas regras se originam de algum intento positivo. Infelizmente, seus efeitos colaterais negativos são muito mais graves. Perceber ambos prepara um grupo para a mudança.
3. Agir de acordo com uma nova regra que preserve o intento positivo e faça o grupo progredir.

Comunidades como salas de espelhos

Quando éramos crianças e morávamos na cidade de Nova York, costumávamos cruzar o rio para ir ao Parque de Diversões Palisades, em Nova Jersey. Um dos nossos passatempos favoritos era a sala de espelhos, um grande labirinto formado por paredes cobertas de espelhos, no qual uma criança tinha a sensação de estar perdida. Para qualquer lado que olhasse, lá estava ela. Uma sala de espelhos é uma metáfora válida para uma comunidade no trabalho, um lugar onde os outros ajudam-nos a ver a nós mesmos.

Quando o crescimento é alimentado pelo dar e receber informações honestas, baseado num desejo mútuo de valorização, a comunidade desabrocha.

Alicerçamos nossa troca de informações numa atitude de compaixão, mantendo uma imagem da grandeza dos que nos cercam diante dos nossos olhos interiores. Ao lado de um maior comprometimento para oferecer honestamente informações às outras pessoas, surge uma presteza em abrir o nosso coração às informações dos outros.

No budismo, essa prática é chamada de "benevolência amorosa", um método de afastar nossa mente e nosso coração de qualquer intenção de culpa ou agressividade. Em vez disso, desenvolvemos o forte desejo de que os outros possam realmente compreender sua grandeza interior. Isso é conseguido tendo-se em mente três pensamentos:

- Que você se liberte do medo.
- Que você possa sentir um profundo bem-estar.
- Que você cresça em benevolência amorosa.

À medida que assimilamos integralmente esses três pensamentos, eles se tornam o fundamento da nossa comunicação. Então, todas as nossas palavras serão palavras de despertar. Mesmo uma troca de informações contestada poderá ser gerada com espírito de benevolência amorosa.

A capacidade de contrapor-se às ilusões e de nos comunicar compassivamente é uma arte. A capacidade de ouvir informações críticas sem adotar uma atitude defensiva é uma arte ainda mais refinada. O esforço nesse sentido é exatamente o que desenvolve a comunidade. Se nosso coração se abrir o suficiente, movido pela benevolência amorosa, tornar-se-á possível criar um elevado grau de apoio mútuo. O famoso santo sufi Rumi expôs perfeitamente esse estado de apoio mútuo quando escreveu: "Ao longe, transcendendo as idéias do procedimento correto e do procedimento incorreto, existe um campo. Eu os encontrarei lá."

O desenvolvimento de um ambiente organizacional como esse é a meta do Caminho da Comunidade. Isto exige um trabalho interior assim como uma comunicação aberta. O cultivo da benevolência amorosa dentro de nós amplia a nossa capacidade de mudar os relacionamentos de trabalho que chegaram a um impasse.

Transformar adversários em colaboradores por meio da benevolência amorosa

Elizabeth, gerente de um grande departamento de sistemas de informação, trabalhava em estreita colaboração com seu gerente-geral no planejamento de uma nova estratégia tecnológica e na elaboração de um orçamento para alocação de fundos a fim de financiar o novo investimento. Porém, cada conversa entre eles era como se fosse uma batalha. "Comecei a vê-lo como meu inimigo", disse ela. "Cheguei à conclusão de que ele nada mais era do que um glutão de mente estreita no que se referia ao poder."

Na sua mente, o gerente-geral tornara-se uma caricatura do "chefe mau" e ela, por sua vez, passara necessariamente a representar a caricatura da "vítima oprimida". Ela explicou: "Eu realmente me via como uma voz que clamava num deserto árido. O deserto era a mente dele."

Depois de aprender a prática da benevolência amorosa, Elizabeth decidiu tentar aplicá-la. Todas as noites, antes de dormir, ela visualizava o gerente-geral e mentalmente dizia: "Que você se liberte do medo. Que você sinta um profundo bem-estar. Que você cresça em benevolência amorosa."

Não foi fácil. "Descobri que eu tinha uma imensa resistência interior à prática da benevolência amorosa. Eu estava realmente imbuída da idéia de que ele era uma má pessoa", admitiu ela. Elizabeth, porém, perseverou na sua decisão. Então, ao se dirigir ao local de trabalho para uma reunião matinal, sua percepção da situação sofreu uma transformação.

"Minha mente começou a executar automaticamente a prática. Estava enviando a ele, sem qualquer esforço, os três pensamentos. Então, comecei a ver o meu chefe como ele é na sua vida fora do trabalho. Eu o vi em casa, conversando com os filhos. A seguir, pude observá-lo ainda criança, como estudante. Assisti a um filme de toda a sua vida. E mesmo sabendo que a maior parte daquilo vinha de minha imaginação, comecei a me sentir de forma diferente. Eu o vi como uma pessoa em seu próprio caminho, com seus problemas particulares, e consegui, de fato, sentir uma benevolência amorosa", continuou ela. "Entrei na reunião com a consciência de que ele era mais do que 'meu chefe'; ele era uma pessoa. Eu continuava a discordar de muitas de suas opiniões, mas isso não mais significava que eu tinha que julgá-lo pessoalmente. As coisas entre nós tornaram-se fáceis a partir daquele momento."

Quando conseguiu ver o chefe como mais do que uma autoridade opressora, Elizabeth foi capaz de libertar-se da armadilha de se considerar um "gênio malcompreendido e sofredor". Baseando-se na benevolência amorosa e num sentimento mais completo das qualidades humanas do chefe, ela pôde encontrar uma nova maneira de ser para si mesma e uma nova forma de se comunicar com ele.

Pela prática da benevolência amorosa, Elizabeth descobriu que a transformação interior e a mudança exterior andam de mãos dadas no Caminho da Comunidade. Como disse o mestre yogue Sri Yukteswar: "Tudo se baseia na reciprocidade." Quando mudamos a nossa paisagem interior, o mundo exterior também muda.

Além da síndrome do nós-eles

Nas empresas estruturadas hierarquicamente, o Caminho da Comunidade envolve a destruição das barreiras que separam as pessoas de um nível da empresa das pessoas de outros níveis. A dissolução das barreiras é ao mesmo tempo uma ação interna, como foi demonstrado pela aplicação que Elizabeth fez da benevolência amorosa em relação ao "bicho-papão" que lhe parecia ser o seu chefe — e uma ação externa — no momento em que dirigentes revelam vulnerabilidade.

Testemunhamos o poder da vulnerabilidade de dirigentes num grande hospital que estava em um processo traumático de reorganização. A vice-presidente estava reunida com os funcionários mais graduados, que se mostravam amargurados e preocupados com as mudanças no trabalho e com a nova "atitude desalmada" que parecia dominar a instituição. Um funcionário mais franco levantou-se e disse com voz trêmula: "Não se passa um dia sem que eu queira chegar aqui e dizer 'Estou me demitindo'; mas não posso." Muitas cabeças acenaram num gesto de concordância, porém ninguém mais falou. Havia uma atmosfera de raiva e frustração na sala. Todos os olhos se voltaram para a vice-presidente, esperando sua resposta. Após uma pausa que parecia ter durado minutos, ela afirmou em voz baixa: "O mesmo ocorre comigo." O silêncio que se seguiu foi mais profundo. A vulnerabilidade de um dirigente, que colocara sua verdade na mesa em vez de oferecer uma explicação, criou um momento de ligação, que levou todos a passar de uma atitude de queixa para a busca de uma solução dos problemas mútuos em conjunto.

A comunidade rompe todas as linhas de *status* e de função, manifestando-se de múltiplas formas. Isso ocorre quando um executivo habitualmente "se dá bem" com os empregados do primeiro escalão que trabalham próximos a ele. Quando pessoas de todos os níveis de uma organização fazem parte de equipes esportivas e jogam juntas depois do expediente. Quando o presidente da empresa almoça ocasionalmente com alguém que está nos degraus mais baixos da "escada", não como uma demonstração de cortesia mas como uma forma aceitável de amizade criada dentro da empresa. Isso ocorre quando os livros contábeis estão abertos a todos. Se quisermos ser uma comunidade, devemos ter acesso às mesmas informações. Por mais que esteja patenteada, a construção de uma comunidade está sempre pronta a remover barreiras e a criar elos de ligação entre as pessoas.

Nem todos fazem parte deste ambiente

Nestes tempos de correção política, nem sempre é aceitável reconhecer que as pessoas são diferentes umas das outras. Contudo, aquelas que fazem progresso numa cultura não são as mesmas que obtêm sucesso numa outra. Algumas pessoas se adaptam melhor e estão mais aptas a encontrar um sentido de comunidade em algumas empresas do que em outras. Embora não seja dito na maioria dos círculos, existe uma coisa chamada "nosso tipo de pessoa".

É importante reconhecer que tipo de empresa nós temos e ajudar as pessoas a perceber claramente se esse é o tipo de lugar onde elas podem encontrar sua comunidade. Algumas pessoas jamais se sentiriam como parte de uma comunidade no clima que exigia a elaboração de poemas e uma troca de informações livre, presente na equipe do OEP* de John na cidade de San Diego. John lembra-se vividamente de um novo membro da equipe que foi "rejeitado" pelos demais. Ele era brilhante e muito talentoso, mas necessitava de um ambiente diferente para que seus talentos fossem reconhecidos. Quando trabalhamos com uma divisão da Pepsi, ficou óbvio para nós, embora não para eles, que administradores competitivos, orientados para os esportes, adequavam-se melhor àquela comunidade. Há uma cultura na sua empresa, um modo de ser, e nem todos encontrarão aí um espírito comunitário.

Uma empresa com a qual trabalhamos chegou a adotar um processo para identificar "como somos aqui". Gravaram um videoteipe dirigido a empregados em potencial, descrevendo sua cultura. Com esse material, foi possível aos candidatos às vagas decidir, baseados em informações precisas, quanto à sua "adequação" em relação à empresa.

Rede de jóias

Uma imagem da Índia chamada de Rede de Jóias descreve com grande beleza a reciprocidade personificada pelo Caminho da Comunidade. De acordo com essa imagem, cada ser no universo (seja pessoa, planta, animal ou anjo) é visto como uma jóia perfeita. Considera-se que todas essas jóias estão ligadas entre si, formando um padrão intricado, como uma teia, muito semelhante a uma rede de pesca universal. Uma jóia reside em cada nó dessa rede.

E cada jóia, devido à sua pureza cristalina, reflete dentro de si mesma uma imagem perfeita de toda a rede. Por isso, a rede em seu todo é refletida um número infinito de vezes em cada uma das jóias que se estendem de um extremo a outro do universo. Dessa forma, cada jóia da rede está presente em todas as outras, e a rede como um todo está presente em cada jóia. Individualidade e interdependência coexistem em absoluto equilíbrio.

No hinduísmo e no budismo, essa imagem é utilizada para explicar o profundo significado do modo como participamos da vida do universo. Não somos atores isolados. Não vivemos em um universo mecanicista, no qual as pessoas

---

* Ver nota da pág. 109.

são como bolas de bilhar, fundamentalmente separadas umas das outras; onde os "relacionamentos" são o resultado dessas bolas de bilhar colidindo entre si, chocando-se em reação.

Ao contrário, a Rede de Jóias sugere que somos co-participantes de uma comunidade cujas raízes encontram-se na total interdependência. Como o naturalista John Muit observou: "Quando selecionamos alguma coisa pelo que ela representa, descobrimos que está ligada a todas as outras coisas que existem no universo."

Livrar-se da atitude de vítima

Essa visão de interdependência pode ser frustrante para a parcela de nós que deseja ser uma vítima ou um ditador. Ambos são modos de pensar relacionados com o conceito das bolas de bilhar. As vítimas acreditam que: "Eles estão batendo em mim e fazendo-me colidir com os outros." Ditadores acreditam que: "Posso controlar os outros."

Despertar para a interdependência significa reconsiderar os nossos conceitos de "bolas de bilhar", relativos ao poder e à influência. Num universo realmente interdependente, a liderança é onipresente; cada parte do todo influencia constantemente todas as outras partes.

À medida que a Alma da Empresa desperta, observamos cada vez mais a natureza interdependente da vida e transformamos os nossos conceitos de poder e controle. Deixamos de lado a fantasia, segundo a qual os que estão "acima de nós" são bolas de bilhar maiores e "exercem o controle".

Percebemos que a adoção da atitude de vítima é uma ilusão auto-imposta. E vemos que embora aparentemente frustrante, o papel de vítima é também um sonho confortável, embalando-nos para a dependência. Como vítimas, podemos acreditar que somos impotentes; podemos acreditar que "nada é culpa minha".

A interdependência, que é a essência da comunidade, nos convida a penetrar em um mundo onde ninguém está "no controle". Quando começamos a fazer parte da comunidade espiritual, o controle é substituído pela co-criação. De todas as necessidades humanas, a necessidade de ligação é uma das mais fortes. É por isso que uma criança privada do contato com outras pessoas irá, conseqüentemente, morrer. À medida que as nossas empresas se transformam em locais de verdadeiro "encontro", ligamo-nos uns aos outros e juntos despertamos a Alma da Empresa.

Algumas maneiras de iniciar o Caminho da Comunidade

1. Planeje maneiras para que as pessoas se conheçam, de forma que esse conhecimento transcenda a sua função.
2. Encontre modos de superar a síndrome do nós-eles: Faça com que os dirigentes passem por um rodízio periódico de funções e "se dêem bem" com funcionários que ocupam posições de chefia; faça com que eles entrem em contato com o local onde o verdadeiro trabalho está sendo feito.
3. Mencione as regras "não mencionáveis" de sua equipe ou empresa. Como dirigente, encoraje a discussão dos temas não mencionáveis!
4. Abra os livros e partilhe as informações que normalmente seriam confidenciais (relatórios financeiros, salários e assim por diante).
5. Partilhe sua história de forma pessoal — por que você gosta do que faz, o que gosta de fazer quando não está trabalhando, qual é o legado que gostaria de deixar.
6. Identifique o "tipo de pessoa" que tem sucesso na sua empresa e certifique-se disso no seu processo de admissão de pessoal.

EXERCÍCIO:
O POLIMENTO DE SUA PRÓPRIA SALA DE ESPELHOS

1. Encontre alguém de quem consideraria útil receber uma opinião verdadeira e sincera em relação ao seu desempenho no trabalho. Certifique-se de que é uma pessoa em cujas intenções você confia e não um adversário que encararia isso como uma oportunidade para destruí-lo. Escreva as perguntas que você espera ter respondidas. Pense em áreas nas quais você gostaria de receber informações, como, "De que maneira lido com o conflito?" Depois, arranje tempo para sentar-se e ouvir as respostas. Abaixe sua guarda e acompanhe as respostas com um desejo sincero de ouvir.

_____

_____

_____

_____

_____

_____

_____

2. Encontre alguém na empresa que poderia, na sua opinião, beneficiar-se com as suas informações. Certifique-se de que você está imbuído de boas e proveitosas intenções. Partilhe coisas que seriam úteis para ele, mesmo que sejam coisas das quais ele não tenha ouvido falar antes.

_____

_____

_____

_____

_____

_____

_____

Exercício:
Avaliação do progresso feito no Caminho da Comunidade

As perguntas abaixo permitem uma avaliação inicial do progresso que você e sua empresa já fizeram nesse caminho. A avaliação tem por objetivo orientar a sua análise e não proporcionar dados quantitativos definitivos do estado da Alma de sua empresa.

A cada uma das perguntas abaixo, responda em que grau ela é verdadeira para você na sua atual posição no trabalho ou na sua empresa.

1= concorda plenamente
2= concorda
3= discorda
4= discorda totalmente

— Em meu emprego atual ofereço às outras pessoas muitas informações verdadeiras, visando seu desenvolvimento.
— Partilho informações sobre as minhas metas e inclinações pessoais com meus colegas.
— Com freqüência, desafio o poder de repressão dos temas "não mencionáveis" da comunidade, dizendo a verdade.
— Como dirigente, pratico muitas atividades que me aproximam daqueles a quem dirijo.
— Recebo com satisfação uma informação que tem por objetivo meu crescimento.
— Nossa empresa é um ambiente rico em troca de informações.
— Os dirigentes podem ser abordados, são vulneráveis e acessíveis.
— Na nossa empresa, as pessoas têm com freqüência oportunidade de partilhar sua história e de conviver umas com as outras, de maneira que constroem uma verdadeira comunidade.
— Na nossa empresa há um ambiente no qual existem poucos temas não mencionáveis.
— Na nossa empresa, os funcionários que ocupam posições de chefia têm conhecimento do que está acontecendo, tanto quanto as pessoas que ocupam os cargos mais elevados.

Reflexão

Baseando-se nas respostas anteriores, quais são as áreas de crescimento potencial para você? E quanto à sua empresa? Nas áreas de maior oportunidade, identifique um exemplo ou dois que indiquem como você sabe que o crescimento é necessário.

Reflexão individual e ação

Agora, passe algum tempo refletindo sobre o que você leu a respeito desse caminho. Usando a avaliação acima, pense em algumas ações que você poderia empreender neste momento para começar a trilhar o caminho do eu no seu trabalho de modo mais integral. Tente identificar duas ações que lhe permitiriam começar, em oposição a um grande número delas que não serão implementadas.

Reflexão em grupo e ação

Se toda a sua equipe de dirigentes estiver lendo este livro, sugerimos que todos os participantes usem a miniavaliação acima e trabalhem em grupo para responder às perguntas abaixo. Como sempre, oferecemos algumas idéias sobre meios de iniciar a jornada. Da mesma forma como em todas as mudanças, comecem com algumas mais viáveis, que vocês possam e irão adotar.

8

A Alma do Líder

Você não Pode Guiar os Outros para Lugares Onde Nunca Esteve

O teólogo Henri Nouwen afirmou de forma sucinta: "A grande ilusão na qual a liderança está mergulhada é pensar que um homem pode ser guiado para fora do deserto por alguém que nunca esteve lá." O despertar da Alma da Empresa exige um novo tipo de liderança. O lema para os dirigentes da Alma da Empresa é: "Vá para onde você guiaria os outros." É importante que os dirigentes estejam familiarizados com o terreno para o qual estão encorajando outras pessoas a viajar.

Obtenha experiência pessoal a respeito dos caminhos

Aqueles que pretendem guiar outras pessoas deverão passar algum tempo:

- no Caminho do Eu, analisando as profundezas de seu ser e trazendo à tona seus valores sagrados,
- no Caminho da Contribuição, identificando o objetivo mais elevado de seu trabalho,

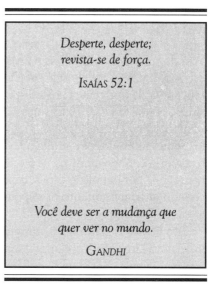

Desperte, desperte; revista-se de força.

ISAÍAS 52:1

Você deve ser a mudança que quer ver no mundo.

GANDHI

127

- no Caminho da Habilidade, envolvendo-se num processo de conhecimento profundo e de aprendizado, e
- no Caminho da Comunidade, unindo-se profundamente com os outros.

É essa base de experiência pessoal que dá origem a uma liderança digna de crédito.

Tentar conduzir outras pessoas através do território não familiar da Alma da Empresa, sem antes ter feito o trajeto pessoalmente, é incorrer em um tipo falso de pregação. Pode-se dizer todas as palavras corretas: fortalecimento, entusiasmo, visão, objetivo, comunidade, valores e assim por diante. Porém, se as palavras não estiverem fundamentadas na experiência pessoal de percorrer (e talvez tropeçar) os caminhos, as palavras mais eloqüentes soarão como *slogans* vazios de significado. As pessoas ouvirão o estímulo, não o coração, e se afastarão.

Não precisa ser um perito

O fato de trilhar os Quatro Caminhos não transforma uma pessoa num perito. Ser um dirigente é diferente de ser um perito. Não existem peritos com respostas à prova de erros ou fórmulas perfeitas no domínio da Alma da Empresa. Cada jornada para o despertar será única. Cada pessoa, equipe e empresa irá encontrar o seu próprio caminho. Porém o dirigente que empreendeu sua jornada individual poderá exercer a função de guia, não porque ele saiba o que se esconde por trás de cada pedra ou curva da estrada, mas pelo fato de esse dirigente ter passado pessoalmente por provas semelhantes.

Das respostas à percepção

Uma das maiores armadilhas para um dirigente é tornar-se uma "máquina de respostas", é ser "aquele que sabe". Obviamente, nosso sucesso pode parecer uma prova de que temos um acesso especial a percepções e respostas. Os dirigentes, como todas as outras pessoas, têm conhecimentos; contudo, uma excessiva confiança em nossa própria experiência acaba nos prendendo ao passado. Somos limitados por aquilo que sabemos. Paradoxalmente, o que nos limita é o próprio conhecimento, que foi a base do nosso sucesso passado. O conhecimento, que por definição está relacionado com o passado, não pode nos ajudar a criar o futuro. Enquanto nos apoiarmos no conhecimento e nas respostas do nosso passado, seremos compelidos a perpetuá-lo.

Isto ocorre regularmente nas empresas quando seus dirigentes proclamam uma "nova" iniciativa organizacional. O que parece novo para os dirigentes é, com freqüência, considerado pelo restante da empresa como nada mais do que a iniciativa requentada do ano anterior. O nome muda, mas a substância permanece a mesma.

Os dirigentes não fazem isso com má intenção. Eles pretendem resolver os problemas da empresa. Querem obter boas respostas. Entretanto, esse investimento no "conhecimento", essa avidez por respostas, confina os dirigentes em um ciclo de recriação da mesma solução repetidas vezes. Quando isso ocorre, torna-se mais difícil fazer com que as pessoas se dediquem a essas iniciativas. O sarcasmo recebe o programa mais recente com uma certa reação.

Ao deixar de lado a necessidade de saber e de obter respostas, os dirigentes conseguem alargar seu horizonte de percepção. Eles se abrem ao que os mestres zen chamam de "mente de principiantes", na qual, novas escolhas os conduzem para fora do ciclo do sarcasmo.

Quando Eric estava na faculdade, trabalhava em regime de meio expediente para Roman, um desenhista de uma tecelagem que praticava meditação zen. Quando Roman foi convidado para almoçar com um mestre zen coreano que os visitava, convidou Eric a acompanhá-lo. O almoço foi servido em uma sala do templo budista local. Quatro pessoas estavam presentes: Eric, Roman, o mestre e um monge. A refeição tradicional foi feita em silêncio. Depois, o mestre dirigiu-se para o chefe de Eric e, olhando-o nos olhos, perguntou num inglês imperfeito: "O senhor tem pergunta?"

"Como posso melhorar a minha meditação?", Roman perguntou.

"Melhorar a meditação!", exclamou o mestre. "Onde está Buda quando o senhor medita?!" Roman, confuso, encarou o mestre.

"Onde está Buda quando o senhor come?! Onde está Buda quando o senhor vai ao banheiro?!"

"Eu... eu não sei", Roman respondeu.

O mestre sorriu e imediatamente levantou-se, sorrindo e abrindo os braços em um gesto amplo, como se estivesse abarcando o espaço à sua volta, gritou: "Sim!! Sim!! Não sabe!! Não sabe! Conserve sempre essa mente que não sabe!"

Qual é o significado dessa cena dramática zen? O mestre estava incentivando Roman a se tornar ignorante? Dificilmente. A mente que não sabe é a expressão zen para a mente de todas as possibilidades. A mente que não sabe é a mente criativa, não obstruída pelo que é "conhecido" e pelo passado. A mente que não sabe é aquela que transcende as estratégias desgastadas de ontem. A mente que não sabe nos liberta daquilo que a autora Lucy Freeman chama de "conhecimento terminal". Pois, enquanto nossas tentativas de melhorar as nossas empresas estiverem limitadas pelo nosso passado, não iremos inovar. O "conhecimento" é o dilema do dirigente, e a mente que não sabe é a porta que o leva para fora dele. A mente que não sabe é a mente da percepção, não das respostas. A percepção nos abre para as possibilidades inerentes às nossas condições e problemas atuais. Enquanto confiarmos em nosso "conhecimento", essas possibilidades permanecerão ocultas. Dirigentes que investem grande energia na obtenção de respostas corretas não conseguem cultivar uma mente que "não sabe" e que os abre à formulação de novas perguntas, à revelação de novas percepções e ao empreendimento de novas ações.

Da luta ao poder

É comum aos dirigentes que estão empenhados na implementação de programas de mudanças encontrar "resistência" por parte de outras pessoas. Muitos deles tentam superar essa resistência por meio da persuasão, da coerção ou de outras formas de manipulação, sutis ou não. Infelizmente, todas essas manifestações de poder parecem apenas aumentar a resistência ou fazê-la ressurgir como uma aquiescência maliciosa. Quanto mais buscamos seguir os caminhos da Alma da Empresa mais descobrimos que os principais desafios à liderança estão dentro de nós mesmos e não no ambiente que nos cerca.

Um dirigente nos disse: "Posso fazer com que todos participem dos treinamentos de qualidade, mas isso não contribui para a qualidade." Enquanto estivermos empenhados em flexionar os nossos músculos não seremos capazes de nos voltar para dentro e realizar as mudanças que podem nos libertar e às nossas organizações. Um comprometimento unilateral para subjugar os nossos adversários externos nos impedirá de voltarmo-nos para o nosso íntimo e fazer as mudanças que podem nos libertar das lutas pelo poder que consomem nossos recursos.

É notável o quanto pode ser obtido com mudanças interiores sutis. Quando desistimos realmente de lutar contra os outros, a possibilidade de diálogo se manifesta. Quando paramos de tentar assegurar nosso poder sobre os outros, eles passam a levar nossas palavras a sério.

O verdadeiro poder nunca está baseado em nossas aparências exteriores de autoridade, mas em nossa congruência e equilíbrio interiores. Se empreendermos a jornada da Alma da Empresa como outra conquista exterior todos os nossos esforços serão em vão. A jornada realizada como uma conquista das forças externas irá, na verdade, nos impedir de despertar a alma. É por isso que Lao Tzu diz: "Dominar os outros é a força; dominar a si mesmo é o verdadeiro poder." Dirigentes que subjugam os outros nunca poderão fazer surgir uma reação criativa. As pessoas irão se submeter à pressão, mas somente se comprometerão de forma integral com seu ponto de vista. Sua criatividade responde ao chamado de um objetivo mais elevado. Sua submissão (algumas vezes uma condescendência maliciosa) responde ao poder manipulador.

A necessidade de despertar a nós mesmos antes de tudo

Dirigentes poderosos começam a jornada em direção à Alma da Empresa, assumindo, antes de tudo, a responsabilidade pelo seu próprio despertar. Isso exige um tipo especial de esforço.

O mestre zen Zuigan costumava dizer para si mesmo: "Zuigan, você está aí?"
"Sim, mestre!"
"Você está acordado?"
"Sim, mestre!"
"Realmente acordado?"
"Sim, mestre."
"Não seja enganado, confundido ou desviado do seu caminho!"

Permanecer despertos significa nos apanhar sendo iludidos, confundidos ou desviados do caminho, o que pode ocorrer com maior freqüência, à medida que subimos na estrutura organizacional. Os administradores que ocupam os cargos mais altos geralmente são mantidos isolados das más notícias. Eles poderão se enamorar de suas realizações. Poderão estar rodeados de pessoas que concordam facilmente com eles e por símbolos de realização lisonjeiros para o ego, mas que fazem a alma adormecer. Quanto mais subimos na empresa, mais desafiador torna-se para os outros nos confrontar, nos transmitir uma impressão franca e questionar nossas idéias. Essa situação é nociva para a alma.

Pode ser cativante para o ego observar a imagem que tem de si mesmo enquanto ela se torna cada vez mais poderosa. O ego gosta de ter confirmada a sua impressão de que "Sou realmente poderoso e esperto!" As tradições de sabedoria nos mostram que uma liderança desperta nasce de uma fonte diferente do ego, com seu pesado investimento na preservação da imagem idealizada que tem de si mesmo.

No limiar da mudança

Há algo que nos atrai e nos compele – e ao mesmo tempo nos assusta – na possibilidade de despertar a alma no trabalho. Essa experiência dual de ser arrastado para a frente e puxado para trás ocorre no limiar de uma mudança importante. É a experiência de estar numa encruzilhada. Dirigentes que se encontram nessa situação estão experimentando aquilo que o mitologista Joseph Campbell menciona como sendo ouvir o chamado.

A jornada para um novo tipo de liderança começa ao ouvirmos o chamado. Tendo ouvido o chamado da alma, assumimos o compromisso de empreender a viagem para o despertar. Contudo, quando nos aproximamos do limiar do caminho e nos preparamos para dar o nosso primeiro passo verdadeiro, percebemos o cheiro da morte e recuamos.

"O que é", nos perguntamos, "esse cheiro de morte que está impregnado no limiar do caminho para a alma?" É o aroma da imagem que fazemos de nós mesmos, do nosso eu inferior desfazendo-se em fumaça. Pois, se quisermos abrir espaço para a energia da alma, a imagem que temos de nós mesmos terá de ser sacrificada. Trata-se apenas de uma imagem, afinal de contas, mas investimos muitos anos e muito esforço em sua criação. Ela pode estar até mesmo acompanhada de um escritório particular, um título ou outros acessórios. A aproximação do limiar do caminho que leva à alma é ameaçadora para a imagem que fazemos de nós mesmos. Isso é perturbador mas inevitável; por essa razão, o mestre sufi Rumi diz: "Morra antes de morrer." Com essas palavras, ele nos está encorajando a abandonar a imagem que fazemos de nós mesmos, antes que a vida ou as circunstâncias intervenham e a tomem de nós.

Morra antes de morrer

Como podemos morrer antes de morrer? Nesta era de rebaixamento de cargos e insegurança no emprego, muitos tiveram a imagem que tinham de si mesmos arrancada. "Pode ser muito difícil", relatou um executivo que tinha sido rebaixado, "quando toda a sua identidade está concentrada no emprego e nas atividades ligadas a ele, encontrar um sentido do eu quando eles se vão." Para muitas pessoas essa perda inesperada representa uma experiência transformadora. "Uma vez que eu não era o meu cargo", outro administrador nos disse, "tive que descobrir quem era aquele eu mais profundo, que ia além do meu cartão de visitas."

Não é necessário perder o emprego para abrir mão da imagem que temos de nós mesmos. Podemos fazê-lo como um ato de liderança. Desistir de nossa imagem poderá trazer uma sensação de maior perigo do que a morte física. Afinal, quando optamos por transferir a base da nosso poder, da nossa posição profissional para o nosso eu interior nos será exigida uma reorientação radical.

"Eu sentia um certo tipo de vibração por estar no comando", disse o presidente de uma empresa de produtos alimentícios. "Era emocionante ver as pessoas confiarem em mim, ter respostas, estar no centro da ação." Esse dirigente chegou a um ponto em seu trabalho no qual algo mais do que "estar no comando" passou a ser valorizado. "Para fazer uma mudança na nossa empresa, era preciso que eu mesmo mudasse antes."

A miragem do sucesso

A ironia de tudo isso é que a imagem que temos de nós mesmos é uma miragem. Ansiamos por algo importante, mas confundimos o nosso próprio interesse limitado com um oásis de significado. A busca dos nossos próprios interesses poderá nos trazer promoções, recompensas e honrarias — todas coisas positivas. Contudo, sem a participação da alma e de um sentimento de significado, elas se tornam símbolos inúteis.

Por isso, escolhemos despertar do sonho a imagem que temos de nós mesmos. E, em vez de ir ao encalço da miragem do sucesso, passamos a almejar os valores da liderança relacionados com a alma, que são duradouros.

Como somos limitados pelas nossas habilidades

Cruzamos o limiar da liderança tradicional para a liderança com a alma quando observamos o padrão que nos permitiu chegar ao sucesso e percebemos como esse mesmo padrão nos limita. As habilidades e capacidades que nos trouxeram "até aqui" transformaram-se nos padrões que impedem um maior desenvolvimento.

"Minha competitividade ajudou a construir esta empresa", disse-nos certa vez o vice-presidente de vendas de uma empresa de biotecnologia. "Porém, essa mesma competitividade me isolou dos outros membros da equipe de executivos. A competição funcionou para mim no mercado, mas age contra mim quando não consigo deixá-la de lado no escritório."

Gandhi disse em certa ocasião: "Creio que os únicos demônios que vale a pena subjugar são os que se encontram dentro de nós mesmos!" De muitas maneiras, é mais fácil perseguir os demônios exteriores – forças que ameaçam o mercado de ações, a lealdade dos clientes e as atitudes dos acionistas. Descobrimo-nos em terreno menos firme quando nos voltamos para dentro a fim de examinar as forças em nosso íntimo que definem o que podemos criar.

Da mesma forma que o vice-presidente de vendas citado acima, podemos começar observando os padrões de comportamento "vencedores" que se tornaram hábitos que nos absorvem totalmente. Talvez seja a nossa insistência em tomar todas as decisões que, embora nos tenha sido útil no passado, agora mina a energia e a iniciativa dos nossos subordinados. Ou talvez seja o hábito de expressar o nosso ponto de vista de forma assertiva que se sobrepõe à nossa capacidade de ouvir atentamente os outros. A consideração desses padrões de comportamento é útil. E a jornada da alma pode nos levar ainda mais longe.

Quando Jesus dirigiu-se ao deserto para jejuar, encontrou Satã. Quando Buda sentou-se sob a árvore Bo, determinado a não se levantar enquanto não obtivesse a iluminação total, defrontou-se com Mara, o rei dos demônios. Em todos os relatos de um despertar profundo, está presente o encontro com a tentação. Do ponto de vista do despertar da Alma da Empresa, a maior tentação é o apego à imagem que temos de nós mesmos e às metas que têm origem nessa imagem. Campbell afirma sucintamente que a hesitação que se manifesta no limiar da mudança constitui, de fato, a recusa em "desistir daquilo que consideramos como sendo de nosso próprio interesse".

Pesando a nós mesmos na balança

No antigo Egito, as almas dos que haviam partido eram colocadas na "balança da justiça". A alma era posta num dos pratos da balança e uma pena era posta no outro. A balança indicava o peso da alma. Aquela alma estava sobrecarregada com imagens artificiais que tinha de si mesma? Se isso acontecesse, o prato da balança penderia para um lado. Ou a alma estava leve como uma pena, tendo se despido de toda artificialidade? Em caso positivo, o prato da balança iria se equilibrar e a alma ascenderia ao reino da luz. Os dirigentes não têm de esperar a morte física para se fazer essas perguntas ou para medir a autenticidade de sua liderança.

O desafio de Abraão

No Antigo Testamento, Abraão é confrontado com o supremo desafio do sacrifício imposto por Deus. É exigido dele que ofereça sua criação mais preciosa, seu filho Isaac, em sacrifício. Ele obedece. No momento culminante de absoluta submissão e total desapego, com a faca pronta para mergulhar no coração do filho, um anjo aparece para deter a mão de Abraão. Pela disposição em sacrificar seu próprio filho, Abraão confrontou e definiu seus valores mais fundamentais. Embora essa história tenha sido interpretada de muitas maneiras, na perspectiva da liderança e da Alma da Empresa ela fala do poder do sacrifício.

Isaac simboliza o que há de mais precioso para nós e o que não queremos sacrificar. Ele representa a continuação da linhagem de Abraão. Isaac personifica a promessa de que as coisas não irão mudar, pois ele continuará a tradição. Com Isaac, a liderança de Abraão permanecerá viva. Tudo parece tão organizado, uma sucessão precisa de pai para filho, uma suave e contínua progressão do passado para o futuro. Abraão é levado a decidir se permanece mais comprometido com a perpetuação de seu passado ou com a travessia do limiar que leva a um futuro criativo. Sem quaisquer garantias.

Como Abraãos modernos, estabelecemos metas, preparamos orçamentos, definimos o mercado e desenvolvemos o projeto. Esperamos que tudo flua de acordo com o que foi planejado, mas a vida raramente segue a orientação de nosso plano estratégico. A vida, em um mercado turbulento, está sempre virando a mesa sobre nós. Quanto mais estivermos presos aos nossos planos, ao nosso "Isaac", mais nos ressentiremos com as intrusões inevitáveis da vida.

Na história bíblica, Deus entra como o fator imprevisível, o elemento inesperado que perturba a execução do plano cuidadosamente elaborado por Abraão. Deus pede a Abraão que sacrifique seu sonho de continuidade estável. No mercado, a vida encontra uma maneira de interferir e de nos desafiar a sacrificar o conhecido pelo desconhecido.

Todos nós temos um "Isaac"

Cada dirigente tem o seu próprio "Isaac", sua criação mais querida. Até certo ponto, ela representa o talento que nos permitiu ter sucesso no passado. Confiamos nesse talento; contamos com ele e, paradoxalmente, somos limitados por ele.

O "Isaac" de uma gerente era a sua capacidade de transformar situações desastrosas em sucessos. Ela tinha o dom de entrar em situações nas quais a destruição era iminente e de fazer o que era necessário para corrigi-las. Era chamada muitas e muitas vezes por sua empresa para realizar a mágica da "reviravolta". Sua habilidade em entrar no caos e dele extrair a harmonia havia sido amplamente recompensada. Essa gerente é extraordinariamente talentosa no que faz. E exatamente esse talento tornou-se a limitação que define seu papel e o relacionamento com os outros gerentes de sua empresa. Esse talento preponderante vem sendo uma contribuição de dois gumes para a empresa. Por um lado, salvou-a de algumas situações difíceis, porém, por outro, também contribuiu para o desenvolvimento de uma equipe administrativa que depende de ser salva.

"Percebo como a minha capacidade de salvar pessoas e situações ajudou a perpetuar uma cultura de crise administrativa na nossa empresa", disse-nos ela. "Os outros gerentes não precisam ser totalmente responsáveis porque eles sabem que, quando as coisas começam a se deteriorar, podem me chamar. É quase como se o meu talento para corrigir as coisas os tenha tornado menos capazes de exercer as suas funções."

Os dirigentes que esperam conduzir outras pessoas ao longo do caminho da alma deverão confrontar a si mesmos e sacrificar o seu próprio "Isaac". O tipo de sacrifício que a história de Abraão aborda vai além das metas de ampliação da capacidade profissional, ocultas na maioria dos programas de desenvolvimento administrativo. Existe um lugar para o aperfeiçoamento de aptidões – isso, em geral, é crucialmente necessário. Contudo, o sacrifício da imagem que temos de nós mesmos visando despertar um outro nível de liderança é, de certo modo, algo diferente. Esse nível de sacrifício é para os dirigentes que desejam conduzir outras pessoas para a desafiadora área da renúncia às suas estratégias de sucesso autolimitadoras.

O que nos leva a cruzar o limiar

Não existem programas de treinamento que possam preparar uma pessoa para atravessar a barreira que separa a liderança tradicional da que tem alma. O que nos leva a cruzar o limiar é quando a nossa necessidade de um novo nível de discernimento supera o nosso apego ao passado.

Não há melhores fontes de inspiração do que as tradições de sabedoria para a realização dessa escolha. Em certo sentido, é a isso que os ensinamentos espirituais se referem – como ouvir o chamado, ter a coragem para responder e o comprometimento para continuar a prestar atenção e a aprender ao longo do processo do despertar.

Os outros irão perceber a qualidade de nosso comprometimento interior. Quer isso seja chamado de "fazer o que nos dizem" ou "ser real", existe uma qualidade que está inegavelmente presente naqueles que viram a imagem que têm de si mesmos desfazer-se em fumaça e optaram por avançar pelo limiar da mudança, quaisquer que fossem as circunstâncias. Essa escolha sempre segue um processo de profunda auto-reflexão e daquilo que Jung chamou de "uma reavaliação de valores primitivos". Substituímos a aparente segurança e certeza da imagem que temos de nós mesmos por uma jornada de grande magnitude verdadeiramente criativa. Ao mesmo tempo, assumimos um novo manto de liderança baseado no respeito, no aprendizado e na sinceridade.

Um monge perguntou a Abba Poemen: "Alguns irmãos vivem comigo; o senhor quer que eu cuide deles?"

O ancião respondeu-lhe: "Não, primeiro cuide de si mesmo, e se eles quiserem viver como você, irão fazer isso por si mesmos."

"Mas são eles, Abba, que querem que eu cuide deles."

"Não; seja um exemplo para eles e não a pessoa que determina como eles devem agir."

Afinal, não são nossas técnicas que contam, mas a nossa maneira de ser. Não são os nossos talentos ou o nosso conhecimento, é a nossa personalidade.

Negociar as nossas técnicas, talentos e conhecimentos pode parecer que é pedir muito. As tradições de sabedoria nos dizem que este é o preço para se obter a chave da alma. Quando abrimos essa arca do tesouro, descobrimos como o autor quacre: "Bem no fundo de nós existe um surpreendente santuário interior da alma, um local sagrado, um centro divino, uma voz que nos fala, para o qual podem retornar continuamente."

Destemor

Os atos mais destemidos de liderança são aqueles que nos tornam mais vulneráveis. Na década de 50, anos após a Segunda Guerra Mundial ter terminado, um grupo de soldados japoneses foi descoberto nas selvas de remotas ilhas do Pacífico. Esses soldados tinham se separado de suas tropas e procuraram um esconderijo para evitar serem presos. Eles não sabiam que a guerra terminara e por isso mantiveram sua estratégia de autoproteção. Mesmo quando foram informados, foi difícil para eles aceitar que a guerra na qual lutavam existia apenas em suas mentes.

Muitos dos métodos usados pelos dirigentes para se protegerem estão tão ultrapassados quanto as estratégias daqueles guerreiros japoneses. Muitos dos inimigos que cremos enfrentar nada mais são do que projeções dos nossos receios. É tempo de os dirigentes abandonarem a estratégia da autoproteção. Nossas empresas precisam de dirigentes que estejam despertos e que ativamente atendam às necessidades emergentes da Alma da Empresa.

EXERCÍCIO:
UM RITUAL PARA CRUZAR O LIMIAR

Imagine que você está prestes a cruzar o limiar que o separa de uma nova maneira de dirigir e de agir. Que aspectos de sua personalidade, comportamento e estilo de liderança você terá de abandonar?

_____

_____

_____

_____

_____

_____

Por quais eles serão substituídos?

_____

_____

_____

_____

_____

EXERCÍCIO:
QUEM PODERÁ DIRIGIR A ALMA DA EMPRESA?

Redija uma descrição das funções de um dirigente da Alma da Empresa (por exemplo, responsável pela adaptação da vulnerabilidade, dizer a verdade pessoalmente, ouvir atentamente e expressar o que está sob a superfície, renunciar a formas ultrapassadas e assim por diante).

_____

_____

_____

_____

_____

_____

9

Progresso no Caminho em Direção à Alma da Empresa

A Transformação dos Obstáculos em Energia

Quando criança, John morava em Staten Island, a apenas uma travessia de barca de Manhattan. Muitas de suas lembranças mais antigas incluem travessias de balsa pelo porto, passando pela Estátua da Liberdade.

Em certa ocasião, em seus anos de faculdade, ele tinha uma entrevista para um importante emprego de verão em Manhattan. Chegar a tempo para a entrevista significava pegar a balsa das 13 horas. No carro, a caminho das docas, John percebeu que mal tinha tempo para apanhá-la e aumentou a velocidade. Apressou-se em estacionar o automóvel e correu para pegar a balsa. Ao se aproximar da balsa, o portão começou a fechar, indicando que ela iria partir em poucos momentos. Quando John chegou ao ancoradouro, ofegante e transpirando, o encarregado estendeu o braço: "Desculpe, amigo, esta balsa já está saindo; haverá outra em uma hora!"

Abatido e com a entrevista para o seu emprego de verão já transformada em coisa do passado, John sentou-se num parapeito para lamentar seu destino. Um mendigo, que estava sentado a poucos metros, dirigindo-se a John, com um estranho olhar no rosto, pilheriou: "Perdeu o barco, hem?"

> *Ao trilhar o caminho da vida, você encontrará um grande abismo. Salte-o! Ele não é tão profundo quanto lhe parece.*
>
> PROVÉRBIO DOS ÍNDIOS NORTE-AMERICANOS
>
> *Devemos aprender a redespertar e a nos manter despertos, não por meios mecânicos, mas pela infinita expectativa do amanhecer, que não nos desampara mesmo durante o nosso sono mais profundo.*
>
> HENRI DAVID THOREAU

"Sim", John respondeu com resignação. "Eu deveria ter dirigido mais depressa."

Sem hesitação, o homem replicou: "Você deveria ter saído mais cedo de casa!"

O perigo de ficar esperando

Quantas vezes começamos "tarde demais", adiando o início de um projeto ou um telefonema, protelando para descobrir depois que, quando finalmente resolvemos dar o passo necessário, não dispomos mais de tempo?

As tradições de sabedoria nos alertam para o fato de haver uma enorme urgência em nossa vida — uma necessidade de semear enquanto o dia está claro. Contudo, elas também dizem que não há urgência. O universo tem um trabalho a fazer e ele será realizado com ou sem o nosso envolvimento consciente. Nas palavras do poeta zen: "Sentados em calma, sem nada fazer, a primavera virá."

É com o reconhecimento desse paradoxo que este livro deverá terminar. Por um lado, a Alma da Empresa irá despertar sem a sua ajuda. Por outro, há urgência em agir e participar ativamente desse despertar para que ele não passe despercebido por sua empresa.

Urgência espiritual e relaxamento divino são duas faces de uma mesma moeda. Essas atitudes não se excluem mutuamente, mas, paradoxalmente, coexistem no mesmo momento. Para despertar a Alma da Empresa devemos aprender por nós mesmos a encontrar equilíbrio entre a urgência e a calma.

O excesso de urgência torna os nossos esforços compulsivos; ficamos ativos mas não produtivos. O excesso de calma transforma-se em inércia, e a nossa sensação de calma interior converte-se em entorpecimento. Buda comparou a tensão entre a urgência e o relaxamento à tensão numa corda de instrumento musical. A música exige que as cordas não estejam muito retesadas nem muito frouxas. Ultrapassar qualquer desses limites faz com que o instrumento fique desafinado. Só com a tensão equilibrada o instrumento pode soar de maneira harmoniosa.

Quando encontramos o equilíbrio, então agimos a partir de uma situação na qual a urgência e o relaxamento se fundem em força espiritual. E como Meister Eckhart destacou, a força espiritual é liberada apenas no momento presente, no eterno agora.

Quando a nossa alma está sintonizada com o equilíbrio entre a urgência e o relaxamento, cada momento transforma-se num momento de despertar. Fazemos o que precisa ser feito e, ao mesmo tempo, descansamos maravilhados diante dos milagres inesperados que ocorrem à nossa volta. Somos o ator, envolvido e apaixonado, e a testemunha, observando e distante. O que executa e o que observa no alto de uma colina.

Se não agora, quando?

Quando o mestre zen Dogen viajou para a China para estudar o budismo, um de seus maiores mestres veio a ser o cozinheiro do mosteiro. O cozinheiro era um homem idoso, que surpreendeu Dogen pela energia que derramava sobre o seu trabalho. Dogen perguntou-lhe por que ele nunca utilizava auxiliares.

"As outras pessoas não são eu", o cozinheiro respondeu.

Dogen concordou mas continuou a interrogá-lo; "Por que o senhor está trabalhando com tanto afinco sob o sol abrasador?"

O cozinheiro respondeu: "Se eu não o fizer agora, quando irei fazê-lo?"

Muitos de nós sonhamos em criar um local de trabalho mais hospitaleiro espiritualmente, porém procrastinamos, esperando que outras pessoas dêem o primeiro passo e iniciem o processo de transformação da empresa. Alguns de nós passamos o nosso tempo aguardando que as condições se tornem "adequadas". Outros fazem tentativas fortuitas, mas se detêm, esperando a permissão dos outros, antes de se entregar totalmente ao caminho do despertar. Para todos nós, as palavras do velho cozinheiro ainda soam verdadeiras: Pois, se não o fizermos agora, quando haverá outra oportunidade para agirmos?

Ignorar o imperativo do momento do agora não é simplesmente adiar a ação. É agir como se o amanhã estivesse dentro do nosso controle. Como um motorista adolescente que faz manobras arriscadas, agimos como se fôssemos viver para sempre. O instrutor de Carlos Castañeda, Dom Juan, advertiu-o para "ter a morte presente como um conselheiro". No Eclesiastes está escrito: "A morte é o destino de todos; os que estão vivos devem levar isso a sério."

A morte é um bom conselheiro para aqueles que hesitam. Encarar com firmeza a nossa própria mortalidade pode eliminar a procrastinação instantaneamente. A morte, como o velho cozinheiro budista, nos lembra que a vida só está garantida para o momento atual. Se não agirmos agora, quando poderemos agir?

Se sua vida terminasse hoje ou sua empresa deixasse de existir hoje, o que você gostaria que fosse dito a respeito da alma que estava presente em sua empresa? De sua liderança? De seu trabalho? Embora possa parecer inusitado, uma certa reflexão sobre o final de sua carreira ou sobre o legado de sua empresa poderá lhe proporcionar lições úteis para a ação no presente.

Começar

Ao se aproximar do fim, este livro cria um sentido de urgência espiritual para nós, seus autores. O que poderemos dizer para que você leve a sério a mensagem sobre a Alma da Empresa? O que poderemos dizer para que você possa encontrar, para si mesmo e para a sua empresa, uma energia que possibilite penetrar mais profundamente no caminho da alma? Em nossa opinião, este último capítulo diz respeito tanto a começar a colocar mais a alma no seu trabalho e no seu local de trabalho, quanto aos demônios que poderão impedi-lo até de tentar fazê-lo.

A função deste último capítulo é ajudá-lo a afinar seu instrumento para que você possa, inequivocamente, seguir adiante no caminho do despertar e começar a infundir comprometimento mais profundo e alma em seu trabalho e na cultura de sua empresa. Para onde, ao final, o caminho da alma o levará é ainda incerto. Agora, o objetivo é consolidar seus primeiros passos, fazer do momento presente — o agora — um momento cheio de sentimento.

A Alma da Empresa, como um gigante adormecido, está despertando. Há, por toda parte sinais evidentes para aqueles que, embora parcialmente, já despertaram. O importante, neste momento, não é o fato de alguns de nós termos ou não despertado completamente. Isto ainda não aconteceu. A questão é saber se você irá dar o próximo passo no caminho.

Os primeiros passos são os mais difíceis

Existe uma história sobre um mestre de meditação no Tibete que se afastou do mundo durante três anos. No meio do seu retiro, ele teve uma visão em que seu falecido mestre aparecia.

"Oh, grande mestre", disse ele, "por favor, ajude-me a progredir rapidamente no caminho. Ajude-me a despertar realmente, para que eu possa ajudar os outros a despertar."

Referindo-se a essa visão, ele comentou: "Desse dia em diante, o meu mestre está sempre ao meu lado. Posso ouvi-lo repetir num tom solene, sempre que começo a me desviar do caminho: "Agora! Agora! Agora!"

A mudança é tipicamente lenta. Há uma grande inércia dentro da estrutura de qualquer empresa. Há uma inércia igualmente forte que nos mantém presos a nossos próprios padrões familiares de pensamento e ação. Contudo, a essência de qualquer mudança é o reconhecimento do Agora! Agora! Agora! Esse momento presente é o único momento para tornar o caminho real.

Como autores, compreendemos essa inércia intimamente. Muito antes de começarmos a escrever este livro, já falávamos a respeito da Alma da Empresa. Naquela época, poucos falavam no cenário empresarial sobre a alma, o espírito ou o significado como algo essencial às "reais" atividades das empresas. Discutimos nossas idéias durante muito tempo. Embora tivéssemos consciência do chamado para prosseguir, meses e depois um ano ou dois se passaram sem que houvesse muito progresso. Adiávamos o início de nossa jornada, esperando o momento correto, o cliente perfeito.

No final, não foram as condições externas que trouxeram à tona nossa ação a respeito da alma. Foi simplesmente o reconhecimento do Agora! Agora! Agora!

Este é o único momento no qual podemos começar um trabalho significativo. Para nós isso significou empreender as ações que produziram este livro e o trabalho no qual estamos atualmente envolvidos.

Anos atrás, lemos um livro sobre a vida espiritual que nos ofereceu uma verdade simples mas profunda: A coisa mais importante é iniciar o caminho; os demais passos virão até você, uma vez que você o esteja trilhando.

Quando tropeçar, continue andando

Durante um vôo que cruzava o país, observamos um garoto de 2 anos que transformava a mãe numa pilha de nervos. Ela tentava mantê-lo na poltrona até que o sinal de "apertem os cintos" fosse apagado. Quando o momento de liberdade finalmente chegou, o menino, liberado de sua poltrona, começou a correr alegremente de um lado para outro no corredor. Quando ele passava pela nossa fileira de cadeiras, o avião entrou num "vácuo" e deu um pequeno solavanco. O menino se desequilibrou e caiu, de rosto no chão. Ambos suspendemos a respiração. Olhamos à nossa volta rapidamente e vimos vários outros passageiros com os olhos fixos na pequena figura caída. Ao comentar o fato mais tarde, durante aqueles breves segundos nós dois imaginamos como seria embaraçoso cair com o rosto no chão, diante de todas aquelas pessoas. Porém, o menino de 2 anos não pensou assim. Ele levantou-se e imediatamente recomeçou a correr.

Há poucas dúvidas de que a maioria de nós irá tropeçar no início do caminho da alma. Essa perspectiva irá nos manter em nossas poltronas? O espectro do constrangimento será mais forte do que o nosso desejo de liberdade? Iniciar a jornada é a chave.

Esperar pela certeza

Um dos santos modernos da Índia, Swami Nityananda, afirmou: "Se você tiver medo da água, não poderá atravessar o rio, mesmo num barco."

Se receamos iniciar o caminho, nenhum instrumento ou técnica parecerão adequados. Adquirir técnicas poderá ser uma atividade infindável. Evidentemente, há muitos instrumentos, técnicas e métodos para se iniciar a jornada na direção da Alma da Empresa. Este livro não é a obra definitiva sobre a alma no trabalho. Não existe uma tal obra definitiva. Entretanto, nosso desejo de um caminho seguro, claramente sinalizado e delimitado, poderá nos manter na busca de mais informações, em vez de agirmos baseados naquilo que já sabemos.

Não se engane e nem tente enganar outras pessoas, fazendo-as acreditar que, reunindo mais informações, irão esclarecer todas as dúvidas subjacentes.

A ação é o antídoto definitivo. A coisa mais importante que podemos fazer para despertar a Alma da Empresa não é estabelecer uma estratégia complicada, mas sim começar. Nas palavras de sabedoria dos índios norte-americanos:

"Ao trilhar o caminho da vida, você encontrará um grande abismo.

Salte-o! Ele não é tão profundo quanto lhe parece."

Ou como Paige, nosso amigo que se dedica ao vôo livre, diz: "O primeiro passo é angustiante. Porém depois disso, a vista é maravilhosa."

Uma estrutura para dar início

Dentro do espírito de um livro que tanto fez muitas perguntas quanto apresentou respostas, oferecemos uma estrutura para iniciar o caminho. Não se trata de dez medidas simples que qualquer pessoa ou empresa deve tomar. A alma é mais sutil do que isto. Ao contrário, sugerimos três maneiras de se prosseguir:

1. Sente-se em silêncio
2. Descubra as origens
3. Diga a verdade

Sente-se em silêncio

O primeiro passo da jornada pode não ser um passo definitivo, mas, ao contrário, um pausa. A alma começa a despertar quando nos sentamos em calma. Os primeiros padres cristãos do deserto disseram: "Sente-se em sua cela, pois a cela tudo lhe ensinará." Eles sabiam que todas as respostas encontram-se dentro da alma. Contudo, somente ao parar e sentarmo-nos em silêncio é que podemos entendê-las ou escutá-las.

No silêncio, podemos nos livrar da pressão da lista de afazeres e refletir sobre a orientação que vem de dentro de nós. Uma forma de reflexão é voltar para a pergunta a respeito dos 150% que formulamos no Capítulo 1: Pense em um trabalho, projeto ou encargo que exigiu 150% de sua energia e de sua dedicação. Que mudança ele provocou?

Se a alma se tornou entorpecida no trabalho, refletir sobre momentos em que ela esteve presente podem nos tornar conscientes de como agir para que a alma volte a se manifestar. O presidente de uma empresa com a qual trabalhamos é conhecido há muito tempo com um líder visionário, com a capacidade de inspirar o melhor em outras pessoas. Recentemente, ele assumiu um novo compromisso de trabalho com a empresa muito maior e complexa, com abundantes conflitos e dificuldades. Esse executivo nos confidenciou que, mesmo diante do novo desafio, ele estava ciente de que a alma se afastara de seu trabalho e o emprego tinha se tornado apenas um emprego.

Reconhecer isso é doloroso para qualquer líder. E quando ocorre com o presidente de uma empresa, o efeito da crise da alma poderá repercutir, como ondas silenciosas, sobre toda a organização. Nós o ajudamos a refletir sobre a pergunta dos 150% e sugerimos que ele mantivesse essa pergunta em mente durante algum tempo a fim de identificar os momentos nos quais o fogo da inspiração e da criatividade ardera em seu íntimo.

Seu processo de reflexão revelou que vários fatores que constituíam a chave para vitalidade de sua alma estavam faltando em seu novo emprego. Um desses fatores era o modo pelo qual o seu novo cargo o isolava dos setores da empresa nos quais ele sentia que o verdadeiro trabalho estava sendo realizado. Ao sistematizar oportunidades que lhe permitiam visitar periodicamente o "local onde o verdadeiro trabalho é feito", ele não apenas revitalizou seu sentido de missão pessoal, como descobriu meios de criar um sentimento de comunidade no âmbito de toda a empresa.

Reflexão conjunta

Departamentos e empresas como um todo podem participar de momentos de reflexão conjunta. Essa reflexão pode começar com uma série de diálogos sobre a alma no trabalho. Muitos dos exercícios sugeridos nos capítulos iniciais podem ser usados por grupos. Quando as pessoas começam a definir por si mesmas o que significa despertar a Alma da Empresa e discutem honestamente de que modo seu atual local de trabalho pode ser comparado com o ideal, um trabalho importante passa a ser feito.

Fazer uma pausa ou refletir poderá ser desconcertante se manter-se ocupado for a própria definição do que significa ser necessário, ou se uma atividade frenética for o crachá de identificação da empresa. Somente no silêncio de uma pausa seremos capazes de obter uma perspectiva que transcende a corrida em alta velocidade do trabalho do dia-a-dia.

Fazer uma pausa significa apenas o que parece. Parar e sentar-se. Preste atenção à sua respiração. Coloque-se numa zona neutra. Este é o local da criação, um lugar de imobilidade, do qual uma nova orientação pode surgir.

Um consultor com 25 anos de experiência, falando da necessidade de mais tranqüilidade, perguntou: "Isso está no âmago de tudo, não está? A própria natureza da empresa, seu trabalho incessante e sua atividade, protege-a do motor da alma, que é o silêncio."

Em reuniões, isso poderá significar fazer uma pergunta e depois, conscientemente passar alguns minutos refletindo em silêncio, em vez de lançar-se numa discussão imediata. É dar espaço para essas perguntas, nas horas que pertencem à "empresa", sabendo que a recompensa final será uma cultura renovada, capaz de manter o desempenho no seu nível máximo.

Procure ver as sementes

Outro passo inicial é começar a ver de que maneira seu trabalho atual já despertou a sua alma e de que modo a empresa mantém a Alma da Empresa. A aceitação ampla de uma visão "dilbertizada" do mundo proporciona uma defesa bem-humorada contra tudo o que perturba e nos agride no trabalho; porém o sarcasmo subjacente também impede o reconhecimento das sementes da alma que crescem à nossa volta.

No início deste livro, contamos a história de uma mulher que usou um diário para registrar as vantagens que recebia no trabalho, maneiras pelas quais ela sentia que tinha sido útil e valiosa. Ao prestar atenção às sementes de bênçãos que já estavam presentes, ela criou um novo futuro para si mesma.

Onde estão as sementes da alma em sua empresa? Quais são os sinais do despertar? É importante ver essas sementes não como insignificantes, mas como os futuros "pomares" que realmente são. As sementes da alma contêm todas as coisas. E as sementes precisam ser vistas para que possam ser regadas e cuidadas.

Fale a verdade

As palavras são poderosas. Todas as tradições mostram a capacidade geradora do discurso. No Antigo Testamento, Adão demonstra seu cargo de intendente da natureza ao "dar nomes" aos animais e aos pássaros. Dar nome a alguma coisa é dar-lhe vida, do ponto de vista da alma. Aquilo que não tem nome não pode tornar-se parte da nossa vida. Em sânscrito, o termo *vak* (do qual derivam as palavras vocal, vocação etc.) indica o poder criativo da palavra. Na yoga, há o reconhecimento de que, para que qualquer coisa aconteça no mundo, deve primeiro ser enunciada verbalmente.

Essa é a razão pela qual um dos passos iniciais mais significativos para o despertar da Alma da Empresa relaciona-se com falar a verdade para nós mesmos e para os nossos colegas de trabalho. Se quisermos despertar a Alma da Empresa, devemos primeiro falar assim.

Esse simples ato de dizer a verdade para nós mesmos não é tão fácil ou honesto como a princípio parece ser. Quando começamos a falar a verdade a respeito do trabalho no qual estamos envolvidos, podemos descobrir outras vozes dentro de nós respondendo. As vozes dos nossos receios latentes de falência ou desemprego podem se fazer ouvir. Outras partes de nós que estão acostumadas, se não satisfeitas com a vida na empresa, podem até nos dizer para negar a verdade emergente de que devemos realizar uma mudança.

Descubra pessoas, aliadas espiritualmente, com as quais você possa conversar. Inicie uma conversa mais profunda. Esse diálogo fará com que as idéias fluam e o *momentum* surja. Jesus enviou seus discípulos aos pares para pregar no mundo por uma razão — porque a tarefa não é fácil para uma pessoa sozinha.

Uma história sufi fala de um homem cego que foi à noite à casa de um amigo. Depois de jantar e conversar, o cego preparou-se para partir. "Aqui está", disse o anfitrião. "Vou lhe dar esta vela acesa para guiá-lo em seu caminho para casa."

"Meu bom amigo", respondeu o cego. "Essa luz não irá me ajudar, porque meus olhos estão velados pela escuridão."

"Sim", disse o anfitrião, "mas a luz poderá servir para alertar outras pessoas de sua aproximação."

O homem cego partiu, levando a vela. Percorreu sem titubear as ruas conhecidas da vila. Depois de algum tempo, o homem cego colidiu com outro homem que vinha correndo na sua direção.

"O que você está fazendo?!", gritou o cego. "Não está vendo que estou carregando uma vela?"

"Senhor", o outro respondeu, "sua vela apagou."

Quando dizemos a nossa verdade na empresa, servimos a ambos os propósitos enfatizados nessa narrativa sufi. Em primeiro lugar, mostramos uma luz que os outros podem reconhecer. Na sua empresa, as pessoas poderão estar esperando que alguém diga o que deve ser dito e inicie o processo de mudança. Falar a verdade pode ser a luz que irá chamar os outros para se juntarem a você na busca de um envolvimento maior.

Entretanto, nosso discurso também convida as vozes dos outros a nos dar seu apoio para continuarmos. Quando iniciamos um diálogo franco, nos abrimos aos outros. Estes, então, podem nos dizer que a nossa luz se apagou e também quando a vêem brilhar.

Se mantivermos nossa visão de um local de trabalho mais elevado no nível do pensamento, teremos, em certo sentido, capturado a energia da alma em uma armadilha de abstração. Precisamos dizer a nossa verdade. Falar é impregnar de alento os nossos pensamentos. É insuflar-lhes vida. Ao falar, nossas visões particulares tornam-se propriedade coletiva e preparamos o palco para uma manifestação mais compreensível.

Dragões no caminho

Todas as tradições de sabedoria nos dizem que há obstáculos e desafios ao longo do caminho. Eles são simbolizados por dragões, demônios e monstros. O caminho do despertar da Alma da Empresa não é diferente. Ao nos esforçar para criar padrões de comportamento mais elevados na empresa, iremos encontrar dragões.

As tradições também nos dizem que, mesmo quando os dragões parecem estar em nosso exterior, isso é apenas uma ilusão de ótica. Os verdadeiros dragões estão em nosso íntimo. São dragões que nos arrastam para fora do caminho das nossas mais profundas intenções e nos fazem perder o contato com a alma.

O dragão da segurança

Um dos dragões mais poderosos no caminho da Alma da Empresa é o nosso anseio de segurança. Isso poderá se manifestar como um desejo de que outras pessoas cuidem de nós, ou como um apego à segurança financeira e ao emprego. Esse dragão nos faz temer assumir riscos e trazer à tona os nossos valores mais profundos; ele faz desfilar imagens assustadoras diante dos nossos olhos interiores. Vemos a nós mesmos perdendo nossa posição na estrutura da empresa. Vemos nossa conta bancária se esvaziar. Tudo nos parece instável e incerto e, por isso, nos agarramos com mais firmeza ao que temos. Os dirigentes podem temer que enquanto estiverem devotando algum tempo ao desenvolvimento da Alma da Empresa, seus competidores irão se concentrar em esforços mais racionais e conseguir o controle do mercado.

Como autores, tivemos nossas próprias lutas com esse dragão. Sabíamos que os clientes estavam interessados na reengenharia da empresa e no serviço ao consumidor, mas não tínhamos certeza de que estariam interessados em desenvolver a Alma da Empresa. Se nos ligássemos a algo aparentemente tão "inconsistente" seríamos banidos para essa terra do nunca da nova era, juntamente com uma redução dos nossos honorários, como punição por oferecer uma tolice sem conteúdo? Esses receios nos atraíam de volta para a segurança do trabalho que sabíamos poder vender, ainda que quiséssemos oferecer algo mais profundo.

Como todos os dragões, o dragão da segurança pode ser tornar um aliado ou um inimigo. Os dragões do caminho são basicamente apenas energias poderosas. Eles são enormes fontes de força que quando domadas podem nos prestar um grande serviço, mas se não forem controladas irão nos dominar e destruir a nossa vida. Domesticado, o dragão da segurança pode falar com a voz da praticidade. Esse dragão amigo pede-nos para basearmos nossa visão naquilo que poderia ser um reconhecimento das nossas limitações e das limitações dos outros. Esse dragão domesticado ajuda-nos a prosseguirmos no caminho sem prejudicar a nós mesmos durante o processo. Ele nos lembra de que a casa que compramos precisa ser paga e mantém os nossos pés firmes na terra, enquanto nos deslocamos em direção a um local de trabalho mais elevado. Porém, quando o dragão da segurança não está domesticado, assume o poder e faz cessar o nosso senso de aventura. Ficamos frustrados e paramos de crescer.

Reconhecer as visões aterradoras de um desastre pessoal e profissional que surgem em nossa mente como paranóias do dragão da segurança pode nos dar uma nova perspectiva, da qual estamos muito necessitados. A meta desse dragão é nos manter seguros não importa como — mesmo que isso signifique nunca mudar ou crescer. Domar os nossos dragões é diferente de aniquilá-los. É fundamentalmente insensato matar quaisquer dos dragões. Eles fazem parte de nós e destruí-los é destruir parte de nós mesmos. Contudo, nossa intenção será a de controlá-los, de forma que sua poderosa energia possa ser usada para prosseguir no caminho do despertar.

O dragão da impaciência

Ao percorrer os caminhos que conduzem à Alma da Empresa, poderemos encontrar o dragão da impaciência. Esse dragão apresenta-se sob a forma de um desejo de resultados rápidos de nossa parte. Evidentemente, essa inquietude perturba o trabalho espiritual produtivo. Nós nos aborrecemos e culpamos os outros; então desistimos ou seguimos adiante. Esse dragão nos leva a mudar de emprego e a buscar campos mais verdes, em vez de permanecer onde estamos e realizar o trabalho árduo que é exigido para desenvolver e alimentar a si mesmo, a comunidade, a habilidade e a contribuição.

O dragão da impaciência poderá fazer com que abandonemos o caminho espiritual quando não acaba, de uma maneira mágica, com todos os problemas da noite para o dia. Quando estamos nas garras deste dragão somos como uma pessoa que está cavando um poço em busca de água. Cavamos um metro e meio e, caso não encontremos água, mudamos para um outro lugar. Então, cavamos um outro poço raso e ficamos novamente frustrados por nada encontrar. Mas nunca encontraremos água cavando cinqüenta poços rasos. A água da alma só é encontrada se persistirmos no processo e com a ação direcionada para um único ponto.

O dragão da impaciência é valioso pelo fato de nos lembrar do que realmente queremos. Ele tem sede da água da alma. Está pronto para a mudança. Porém, quando essa prontidão não é controlada transforma-se em inquietação. Assim, terminamos nos movimentando bastante, sem essencialmente ir a lugar algum.

Domesticamos o dragão da impaciência criando raízes e comprometendonos a florescer no lugar onde nossas raízes estão plantadas. Domesticamos esse dragão estendendo nossa linha do tempo para além do momento imediato.

Segundo um provérbio chinês: "A árvore que é plantada muitas vezes não cria raízes." A alma não desperta e desabrocha às pressas; tampouco uma empresa se transforma de acordo com os nossos precisos e ordenados cronogramas (a despeito das muitas tabelas de Gantt que determinam as fases de mudança).

Quando iniciamos nossa jornada em direção à Alma da Empresa, uma coisa interessante começou a acontecer: Os telefones pararam de tocar; era algo pouco positivo na área da consultoria de empresas e de treinamento. É um sinal de que o seu nome e sua posição no mercado estão enfraquecendo. Permanecer no caminho durante tempos sombrios e de aparente inatividade requer uma visão clara e motivadora que transforma-se na luz psicológica no final do túnel que nos impele para a frente. Nesses períodos de silêncio, ficávamos tentados a desistir e voltar atrás. A jornada do despertar raramente oferece uma recompensa imediata. Ela é um processo orgânico; podemos alterar o curso de um rio de acordo com a nossa vontade, mas ele continuará a correr, obedecendo a seu próprio ritmo.

Com certeza, isso também é verdadeiro no que se refere à transformação de uma empresa. Uma série de seminários sobre a alma da empresa não irá despertar instantaneamente o gigante adormecido. Nossos esforços trarão resultados mas, com freqüência, exigirão uma enorme paciência. Um dos dirigentes com os quais trabalhamos tentou, durante dois anos, mudar os padrões de comportamento dos funcionários e as características da empresa que havia herdado, com poucos resultados aparentes. Ele estava quase a ponto de desistir de seus esforços, quando participou de uma reunião. Tornou-se óbvio, ao ouvirmos as pessoas presentes àquela reunião, que os anos de esforço estavam finalmente dando frutos. Uma nova empresa estava surgido exatamente antes de ele estar prestes a chegar ao seu objetivo.

O dragão da popularidade

O dragão não domesticado da popularidade é outro empecilho para o despertar da Alma da Empresa. A transformação de nosso ambiente de trabalho exige desafiar algumas vacas sagradas. Verdades que não são bem-vindas terão de ser ditas para nós mesmos e para os outros. Podemos achar que estamos sendo ignorados, culpados e ridicularizados, assim como aplaudidos, recompensados e colocados num pedestal! Devemos estar preparados para ambas as situações.

Contudo, o dragão da popularidade deseja uma recepção unilateral. Ele anseia por reconhecimento e respeito. E por intermédio desse anseio, a autenticidade necessária para se criar uma comunidade que alimenta a Alma da Empresa poderá ser solapada. Esse dragão irá suavizar as nossas palavras, minimizar nossas idéias e divulgar nossos pontos de vista para que pareçam seguros e aceitáveis. O dragão da popularidade pode transformar a mais poderosa verdade em um frívolo *slogan*. Ele sussurra as palavras e nos impede de remover nossa máscara empresarial e falar sobre os nossos desejos mais profundos para a empresa.

Entretanto, como todos os outros dragões, esse também tem uma energia positiva a nos oferecer. O dragão da popularidade nos proporciona sensibilidade em relação às opiniões de outras pessoas. Quando domesticado, ajuda-nos a compreender como os outros pensam e orienta-nos na verbalização das nossas idéias, de forma que elas sejam mais facilmente compreendidas. O dragão da popularidade, quando domado, nos proporciona empatia pelos pontos de vista e sentimentos dos outros, sem fazer com que distorçamos a nossa mensagem para torná-la aceitável.

O dragão da dúvida

Talvez o dragão mais poderoso no caminho seja a dúvida. Shakespeare disse: "Nossas dúvidas são como traidores, traindo o bem que poderíamos de outra forma fazer!" O Novo Testamento afirma: "Todas as coisas são possíveis para aquele que crê."

Contudo, quantos de nós crêem honestamente que a nossa empresa poderia ser um lugar que faz aflorar à superfície as energias mais profundas que estão no nosso íntimo? Quantos de nós acreditam que o nosso trabalho será uma expressão da alma?

O dragão da dúvida nos mantém presos a uma visão comprometida. Ele nos diz: "Seja realista; sinta o cheiro de café e acorde de seu sonho infantil." Este dragão nos confronta com imagens das pessoas em nossa empresa. Ele pergunta: "Você realmente acha que essas pessoas se preocupam com a alma?" Quando estamos nas garras desse dragão, todos parecem ambiciosos, parecem procurar satisfazer somente às próprias necessidades e completamente absorvidos por seus interesses pessoais. O resultado é que desistimos de tentar despertar a Alma da Empresa e passamos a viver em função dos fins de semana.

Porém, até o dragão da dúvida pode ser domesticado. E quando isso ocorre, esse dragão torna-se um poderoso aliado. Quando a dúvida é vencida, transforma-se em discernimento. Este dragão, agora domado, tem a capacidade de ver, através das máscaras usadas na empresa, a alma que se encontra oculta nas outras pessoas. Esse dragão domado do discernimento concentra nossos esforços nas ações que irão produzir uma verdadeira mudança e descarta as que são simplesmente cosméticas. Ele nos ajuda a tornar mais aguçada a nossa visão de alguma coisa em que não apenas acreditamos, mas em relação à qual não podemos deixar de agir.

A jornada começa

Domar dragões é uma tarefa contínua. O despertar da alma exige mais do que um seminário de três dias. É um trabalho sempre presente. Heráclito disse: "Você poderá não se aproximar jamais dos limites da alma, não importa quantos caminhos percorra, tão profundo é o seu mistério."

Dar os primeiros passos no caminho do despertar é aceitar o mistério da alma. É fundir-se com um processo criativo que inclui e transcende a vida pessoal. Quando isso torna-se realidade, alguma coisa mágica acontece. Mesmo estando envolvidos com os desafios e exigências da nossa vida diária, podemos ecoar as palavras de Meister Eckhart: "Somos auxiliares de Deus, co-criadores em tudo que fazemos."

É possível esperar pelo emprego perfeito, a oportunidade perfeita e pelo primeiro passo perfeito que nos leva em direção à alma no trabalho. Isso com certeza era verdade para nós. Faz quase três anos que começamos a nos perguntar se poderia haver algo mais em nosso trabalho com os nossos clientes — um chamado mais profundo que girasse em torno da descoberta da alma no trabalho. Por algum tempo nada fizemos além de falar a respeito de como iniciar o caminho, criando estratégias e lendo a respeito do assunto, como preparação para os primeiros passos. Agora, três anos mais tarde, gostaríamos de ter começado a escrever desde a primeira semana, a conversar com os nossos clientes, integrando a alma ao nosso trabalho atual. Pois, ao dar os passos iniciais, outros passos, instrutores e caminhos se abriram diante de nós, caminhos que nunca foram percebidos da margem da trilha.

Pensamos em como terminar este livro, mas compreendemos que um livro sobre a alma jamais poderá ter uma palavra final. Como um dedo apontando a Lua, estas páginas podem apenas indicar onde procurar para encontrar a Alma da Empresa. O final desta história não será escrito por nós. Isso será feito em sua vida e em seu trabalho. A caneta encontra-se agora em suas mãos.

Oito maneiras de começar a despertar a Alma da Empresa

1. Responda para si mesmo à pergunta dos 150%. Identifique duas maneiras por meio das quais você possa criar mais energia do que a que mostra no trabalho.
2. Descubra um meio de se aproximar de seus clientes. Procure-os e converse com eles, faça um videoteipe deles, telefone para eles — lembre a si mesmo e aos outros a diferença que você faz.
3. Organize um programa de desenvolvimento que estimule os funcionários a observar quais são as suas capacidades e interesses — ajude-os a assumir a responsabilidade de criar essas coisas no trabalho.
4. Planeje formas de fazer com que as pessoas passem a conhecer umas às outras num nível que vá além de sua função (por exemplo, fazendo cir-

cular entre todos os crachás de identificação). Faça isso durante uma reunião de funcionários.

5. Mude o conceito de seu trabalho como organização/unidade para "uma breve citação" que diga respeito a alguma coisa nobre. Use essas palavras de maneira firme.

6. Identifique uma nova habilidade/área de especialização que você gostaria de explorar. Encontre um projeto que o coloque em uma nova área de atuação. Procure sempre meios de dar aos funcionários a oportunidade de fazer o mesmo. (Uma forma simples é levar as pessoas a trocar de tarefas!)

7. Inicie uma lista de coisas que o gratificam no seu dia de trabalho — avanços para os quais você acha ter contribuído — depois observe o modelo e esforce-se para criar mais outros tipos de coisas.

8. Identifique uma verdade que deveria ser dita na sua empresa. Encontre aliados e comece a dizer a verdade.

Exercício:
Qual é o seu legado?

Imagine que sua carreira terminou neste momento (ou se preferir, que a empresa, divisão, etc. que você dirige acabou de encerrar suas atividades). Ao refletir sobre a sua carreira e/ou a história de sua empresa, do que você se arrepende, em termos de "alma?" O que deixou de ser feito? O que ficou aquém do que você gostaria? Se pudesse recomeçar, o que você desejaria que fosse verdade?

Se estiver disposto, escreva algumas frases que descrevam as oportunidades e anseios perdidos no trabalho ou no local do trabalho.

EXERCÍCIO:
TRANSFORME OS DRAGÕES EM AMIGOS

Existem muitos dragões no início do caminho que conduz à alma de uma empresa. Nós identificamos alguns deles: segurança, impaciência, popularidade e dúvida. Que receios você tem a respeito de trilhar os caminhos para a Alma da Empresa, para si mesmo e para sua empresa?

_____

_____

_____

_____

_____

_____

_____

_____

_____

_____

O que poderá fazer para eliminar seus receios e iniciar a jornada?

_____

_____

_____

_____

_____

_____

_____

_____

_____

_____

Exercício: Como você irá começar

O último exercício deste livro é o primeiro capítulo de sua jornada em direção ao despertar da Alma da Empresa. Lembre-se que não há passos perfeitos. Identifique o que você vai fazer na próxima semana para iniciar a jornada. Se você se vê como dirigente de sua empresa, descubra passos que podem levá-la a um comprometimento mais profundo. Se o seu foco for mais pessoal, encontre maneiras de renovar seu senso pessoal de vocação.

Passos que darei por mim mesmo.

_____

_____

_____

_____

_____

_____

_____

Passos que darei na minha empresa em seu benefício.

_____

_____

_____

_____

_____

Sempre percebemos que a ação ocorre com mais freqüência e de forma mais consistente quando prestamos contas a outras pessoas. Descubra um colega em quem possa confiar e partilhe com ele suas incumbências. Marque um encontro para os próximos 30 ou 45 dias, com o objetivo de refletir sobre o seu progresso.

Alma da Empresa

SERVIÇOS E REDES

Sua jornada pessoal e organizacional na direção da Alma da Empresa pode ser acelerada pelo contato com outras pessoas que trilham o mesmo caminho. Os autores oferecem os seguintes métodos para que você se torne parte da rede cada vez mais extensa de pessoas comprometidas com o despertar da Alma da Empresa:

ENCONTROS DE DIRIGENTES

Retiros que se destinam aos que desejam devotar algum tempo à renovação pessoal e ao despertar da Alma da Empresa.

INFORMATIVO

Corporate Soul [A Alma da Empresa] é uma publicação que oferece dados atualizados, debates, estudos de casos e diálogos a respeito da forma pela qual líderes e empresas estão despertando a Alma da Empresa.

Uma teleconferência mensal é realizada com os autores e outros dirigentes que optaram por esse caminho.

PALESTRAS E CONSULTORIA

Ambos os autores fazem palestras dirigidas a públicos de empresas e convenções, e oferecem serviços genéricos de consultoria para empresas que desejam ampliar o poder das pessoas no trabalho.

Para informações sobre retiros ou o informativo, ou se desejar nos enviar quaisquer considerações sobre *Alma da Empresa*, você poderá nos contatar através do *e-mail*

CorpSoul@aol.com. Os autores também poderão ser contatados nos seguintes endereços:

John B. Izzo, Ph.D
P. O. Box 668
Lion's Bay, BC V0N 2E0
Canada
604/913-0649, Fax 604/913-0648
johnizzo@aol.com

Eric Klein
1455 Hymettus Avenue
Encinitas, CA 92024
USA
760/436-5535, Fax 760/634-3589
waldeneric@aol.com

Leia também:

"Durante 25 anos, Hazel Henderson abriu as portas e as janelas das sufocantes catedrais da economia ortodoxa impregnadas de incenso, deixando entrar o ar fresco e a luz do mundo real. Se os sacerdotes da doutrina econômica parassem de repetir sua ladainha durante um tempo suficiente para ler este livro, esse seria o primeiro lance de um jogo em que todos nós ganharíamos."

Herman E. Daly,
Co-autor de *For the Common Good*

Construindo um Mundo Onde Todos Ganhem

A Vida depois da Guerra da Economia Global

Hazel Henderson

"O bem mais precioso no mundo é a esperança, e *Construindo um Mundo Onde Todos Ganhem*, de Hazel Henderson, é uma jazida desse bem. Ela descobre caminhos que levam da competição à cooperação, da hierarquia à diversidade, do abuso global a soluções populares – e, desse modo, do desespero isolado à ação comunal."

– Gloria Steinem,
Autora de *Moving Beyond Words*

"Mais uma vez, Henderson desafia economistas, políticos e líderes do mundo dos negócios com sua crítica radical e bem alicerçada dos valores e das concepções básicas. Assim como seus livros anteriores, *Construindo um Mundo Onde Todos Ganhem* será uma rica fonte de inspiração por muitos e muitos anos."

Fritjof Capra, autor de *O Ponto de Mutação* e de *A Teia da Vida*, publicados pela Editora Cultrix.

"Um dos principais pensadores de nossa época desafia-nos a analisar nossos valores e a maneira como vivemos."

Peter Russell, autor de *O Despertar da Terra*, publicado pela Editora Cultrix.

EDITORA CULTRIX

INTUIÇÃO

A Nova Fronteira da Administração

Jagdish Parikh

em colaboração com
Friedrich Neubauer e Alden G. Lank

O assunto Intuição está-se transformando rapidamente num elemento-chave para o raciocínio e a prática dos negócios. A abordagem convencional da administração com base na solução analítica dos problemas não pode mais enfrentar o aceleramento das mudanças, da complexidade, das incertezas e dos conflitos relacionados com a moderna organização das empresas.

Intuição apresenta uma estrutura conceitual abrangente do assunto, bem como uma aplicação material ampla, especialmente para a criação de uma visão corporativa e integrativa. Essa estrutura está fundamentada numa análise global de mais de 1.300 empresas em nove países – Austrália, Brasil, França, Índia, Japão, Grécia, Suécia, Holanda, Grã-Bretanha e Estados Unidos da América. Os resultados dessa análise fornecem:

- uma avaliação objetiva e subjetiva dos níveis individuais de intuição;
- definições e descrições do que é a intuição;
- o uso da intuição na vida pessoal e profissional;
- exemplos específicos da aplicação da intuição.

Esse valioso corpo de informações, e sua análise, será um recurso vital, não só para a administração de empresas e para uso de educadores administrativos, mas também para todos os que se interessam pela crescente importância da intuição nos estilos emergentes de vida. *Intuição* ajudará os administradores a cuidar de seus próprios processos intuitivos e dos das outras pessoas em suas organizações.

EDITORA CULTRIX

O TRABALHO CRIATIVO

O Papel Construtivo dos Negócios numa Sociedade em Transformação

Willis Harman e *John Hormann*

Quais são os novos meios de se fazer negócios capazes de proporcionar a todos os cidadãos oportunidades para um trabalho significativo e gratificante? E por que só agora essa ação é possível?

Uma profunda transformação no papel do trabalho e dos negócios está em andamento. Sua energia propulsora não brota de uma administração engenhosa, ou de líderes carismáticos, mas é uma irrupção de novas metas e valores mais profundos que inclui uma grande faixa de pessoas. Existem fortes evidências de que a valorização do aprendizado, do ensino e do desenvolvimento humano indica uma sociedade em vias de curar a si mesma.

Os negócios, grandes e pequenos, estão numa posição singular para canalizar essas aspirações em prol de um trabalho significativo voltado para a transformação construtiva do mercado de trabalho. Muitos negócios estão já em bem-sucedido estágio de funcionamento, com base em novas regras recém-elaboradas: sobreviver, prosperar e colaborar.

....

"Uma obra-prima. Harman e Hormann atacam os maiores problemas que atormentam o ser humano atual com uma perspectiva eclética única, compassiva, fruto de uma laboriosa e minuciosa pesquisa. O livro resultante é uma fonte de inestimável valor para todos os que se interessam pelo futuro do trabalho."
— **Larry Wilson**, fundador e diretor-executivo dos Pecos River Learning Centers, Inc.

"Não conheço outro tema de tanta relevância para a nossa vida na Terra agora do que o modo como fazemos negócios. O comércio pode destruir ou recuperar o planeta. Este livro insuperável sobre o trabalho no futuro é uma crítica extraordinária sobre o tema crucial da nossa década: a responsabilidade social."
— **Paul Hawken**, empresário, consultor, autor de *The Next Economy*.

"Livro desbravador. Se me fosse perguntado que livro considero essencial para abrir novas perspectivas de vida e fazer uma contribuição significativa, eu indicaria este. Harman e Hormann divulgam uma sabedoria que reúne apenas o melhor da economia, da psicologia dos negócios, da física, da engenharia, da filosofia. Oremos para que algum dia, logo no início do próximo milênio, sejamos capazes de olhar para o passado e dizer que seguimos as diretrizes sugeridas por este livro."
— **Michael L. Ray**, co-autor de *Creative in Business*.

EDITORA CULTRIX